Nouvelles pédagogies

Collection dirigée par Jean-Max Méjean

À l'heure où l'école est sur tous les fronts, critiquée de toutes parts, et même remise en question dans sa forme et, quelquefois, son utilité, cette collection voudrait interroger tous les acteurs du système éducatif qui réfléchissent et ne se laissent pas aller à la morosité ambiante. S'il est vrai pourtant que la pédagogie a du mal actuellement à se régénérer, et si nous sommes plus enclins à la régression qu'à la progression (abandon de la méthode globale, abandon du collège unique, apprentissage à 14 ans, etc.), il existe encore des pédagogues qui tentent l'innovation et c'est eux que nous allons chercher afin qu'ils témoignent, humoristiquement, violemment, désespérément. Entre billets d'humeur, pamphlets et exhortations, il faudrait que la collection puisse réveiller le corps enseignant, mais aussi les élèves et les enseignants afin que tous comprennent la nécessité de se réapproprier vite cette école, ferment indispensable de toute société et de toute culture. Où est le temps de la païdeïa ? Où sont passées les utopies de 68 ? Pourquoi la guerre partout dans nos écoles et cet étalage gras de la violence dans les médias ? Au secours, on est en train de nous saborder, parce que la société va mal et parce que l'on n'a pas d'autre alternative à proposer à la jeunesse.

Déjà parus

Gwénaële GUILLERM, *Vous êtes sur Radio-Clype. Abécédaire d'une radio scolaire*, 2009.
Philippe MARHIC, *L'enseignement individuel. Une alternative à l'échec scolaire*, 2009.
Jean-Paul CLOSQUINET (dir.), *Chronique ordinaire d'un lycée différent*, 2007.
Philippe BOURDIER, *Un grand écran pour les lettres, le cinéma et l'enseignement du Français*, 2008.
Bénédicte PARMENTIER, *Flux et reflux – des adolescents à la maison de retraite,* 2008.

Remerciements

Tous nos remerciements à mademoiselle Nadia Madjoubi, notre infatigable relectrice, pour sa perspicacité et la toujours grande pertinence de ses remarques.

Dédicace

De même qu'il existe de nombreux soldats inconnus, il existe de nombreux documentalistes méconnus. C'est à l'une d'entre elle, madame Christiane Maison, alias « Mamie doc », notre doyenne à tous, maintenant à la retraite, que nous dédicaçons cet ouvrage avec toute notre reconnaissance pour l'aide dévouée qu'elle a fournie tout au long de sa carrière à des générations d'élèves et à tous ses collègues, répondant toujours présente à l'appel.

Préface

Je ne suis pas professeure-documentaliste… Mais j'ai passé plus de temps dans le CDI de mon collège que je n'en ai passé en salle des professeurs. Le CDI, c'est l'âme d'un établissement scolaire, le lieu magique où se retrouvent tous les usagers du livre, des médias en tout genre, le point de rencontre entre le monde scolaire et le monde extérieur : on n'est plus dans la classe, mais on n'est pas tout à fait en dehors. Les ouvrages présentés parlent d'hier, les textes patrimoniaux y ont la part belle, mais aussi d'aujourd'hui avec nombre d'auteurs contemporains, de documentaires en tout genre, l'accès à Internet et aux moteurs de recherche, tous ces médias qui nous parlent du monde dans lequel nous vivons et où chacun peut retrouver ses centres d'intérêt : sport, musique, loisirs, actualités… Le CDI, c'est une passerelle entre la culture scolaire et la culture tout court.
J'ai toujours aimé ces rencontres avec des élèves de toutes classes autour d'un livre, ces échanges informels mais spontanés de lecteur adulte à lecteur adolescent, ces conseils donnés. Mes plus belles expériences pédagogiques se sont déroulées dans le cadre du CDI ou en étroite collaboration avec le professeur documentaliste… Comment préparer une exposition sans utiliser les ressources du CDI ? Comment lancer les élèves dans une recherche sans l'aide du professeur documentaliste ? Comment développer la lecture cursive sans être entourés de romans que l'on peut toucher, sentir, caresser, tourner entre ses doigts ?
Le CDI, c'est aussi le seul lieu d'un établissement scolaire où se côtoient toutes les disciplines : Lettres, histoire, géographie, mathématiques, sciences, sport, économie, philosophie, arts… chaque discipline y est représentée et ce devrait être le lieu incontournable de rencontres entre enseignants… Le travail pluridisciplinaire ou en interdisciplinarité y est nécessairement facilité, l'accès aux TICE y est maintenant généralisé et les élèves ne demandent pas mieux que d'investir ce lieu, plus convivial il est vrai que certaines salles de cours ou salles de permanence dont la disposition n'est pas éloignée de celle des classes d'autrefois… Les élèves y travaillent en autonomie, autour d'une table, sans être rangés frontalement face au professeur, ils peuvent, sans lever le doigt, bouger, aller chercher un ouvrage, demander une aide individuelle au documentaliste, voire travailler en groupe s'ils sont capables de respecter les autres… N'est ce pas justement l'illustration des compétences énoncées dans les piliers 6 (les compétences sociales et civiques) et 7 (l'autonomie et l'initiative) du socle commun qu'il est du devoir de l'école de faire acquérir aux collégiens ?
J'aime penser à tous ces adolescents qui réclament leur place au CDI en disant vouloir faire une recherche (les places sont souvent chères, il faut les mériter !) et qui s'emparent d'un roman ou d'une BD dans laquelle ils se plongent oubliant leurs cahiers de cours ouverts à côté d'eux… J'aime cette affluence

autour du bureau du documentaliste pour demander qui un roman, qui une explication, qui un ouvrage scolaire, qui la possibilité d'accéder à un site ou une aide pour trouver le lien intéressant dans l'infini des réponses proposées par les moteurs de recherche… Dans un CDI, on voit la culture à l'œuvre… On n'arrive jamais à parler tranquillement avec le documentaliste, toujours interrompu que l'on est par de multiples demandes d'élèves…

On entend souvent dire que les enfants ne lisent plus… Que l'on entre dans un CDI et on verra beaucoup d'élèves qui lisent ou ne demandent qu'à lire… Mais, et c'est l'un des intérêts de l'ouvrage coordonné par Philippe Marhic, il faut que le documentaliste s'ingénie à trouver des stratégies pour répondre aux attentes de ces élèves qui voudraient lire, mais qui ont peur de ne pas pouvoir, de ne pas savoir… Par quel livre commencer pour apprivoiser ce monde de la lecture (de la culture ?) si souvent étranger à bon nombre d'enfants ? La collaboration professeur de Lettres-documentaliste est primordiale pour développer ce goût et ce plaisir de la lecture autonome. Rien n'est efficace sans cette complémentarité des approches.

On dit aussi que les jeunes générations sont très à l'aise avec l'informatique. C'est vrai, certes, pour ce qui est de la manipulation des outils et de la célérité à surfer sur les différents sites ; mais en termes d'efficacité et de fiabilité des sources, la recherche documentaire n'est pas pour eux plus aisée sur Internet qu'elle ne l'est avec les livres. Comment ne pas être noyé en effet par la multiplicité des informations offertes sans être formé, par un adulte compétent, à cette nouvelle modalité de recherche ? Cette réflexion sur le rôle du professeur-documentaliste à l'heure du multimédia est, du reste, au cœur des préoccupations des différents articles rassemblés dans cet ouvrage.

Des CDI, j'en vois beaucoup lors de mes visites dans les établissements, où je suis amenée à rencontrer des équipes d'enseignants… Beaucoup de réunions sont en effet organisées dans ce lieu, au grand dam des élèves qui du coup en sont exclus (j'assiste rarement à des réunions sans voir des élèves entrer dans « leur » CDI où le documentaliste leur explique gentiment que ce n'est pas possible, et l'on sent alors la frustration légitime des élèves, dépossédés d'un lieu de travail qui est le leur en priorité). Il est vrai que la convivialité du lieu et sa vocation à l'accueil en font un endroit propice aux réunions. Quand on entre dans un CDI, on perçoit tout de suite la personnalité du maître des lieux… Je ne peux m'empêcher de parcourir les rayons (de littérature, c'est mon domaine de prédilection) et en un coup d'œil, je repère si mes indispensables sont là, si j'ai envie de prendre des romans, si je retrouve mes coups de cœur et si je découvre des titres qui me tentent. J'ai par ce moyen noté nombre de titres de romans que j'ai dévorés par la suite… Je me souviens (le professeur-documentaliste me pardonnerait sans doute) de ce CDI d'un LP où je passais un mercredi après-midi… La porte était ouverte, je suis entrée et une bouffée de bonheur m'a envahie : un CDI de LP plein de romans contemporains, un CDI dans lequel on sentait qu'il faisait bon vivre et que l'activité régnait, les ordinateurs semblaient

avoir été quittés momentanément seulement… deux romans sur le bureau de la documentaliste, que je ne connaissais pas… je les ai feuilletés et j'ai noté soigneusement les titres découverts. J'aurais voulu que tous les CDI ressemblassent à celui-ci… !
Bien sûr, il y a aussi quelques CDI tristes, remplis de fonds anciens peu attirants, peu équipés en informatique et dans lesquels on comprend que peu d'élèves se rendent… Il est des CDI qui invitent à la lecture, au travail, à l'échange et d'autres qui ont besoin d'être quelque peu dépoussiérés…
Voilà pourquoi l'ouvrage dirigé par Philippe Marhic, qui rassemble quantité de pratiques venues de tous les coins de France me réjouit et j'espère que la lecture de ces articles révèlera un grand pan de possibles aux documentalistes. On ne s'enrichit que par l'expérience des autres et rebondir sur les pratiques généreusement présentées par les collègues est une source infinie de richesse dont, au bout du compte, les élèves seront bénéficiaires et c'est bien là l'objectif premier.
Puissent cet ouvrage et la multiplicité d'expériences relatées ouvrir un dialogue entre les professeurs-documentalistes de tous horizons et donner aux enseignants de toutes disciplines, dont j'espère qu'ils seront nombreux à le lire, l'envie de travailler ensemble et autrement !

Brigitte REBMEISTER
Professeur de Lettres classiques
Conseillère à la Délégation académique à la formation (DAFOR) au rectorat de Paris
Responsable de la formation continue des professeurs documentalistes

Première partie - Réflexions de doc

La documentaliste : un être à part aux talents insoupçonnés

Texte et illustrations de Frédérique Yvetot
Professeur-documentaliste en collège
(Saint-Martin-des-Champs – Manche)
http://lachaussonniere.free.fr/CDI/index.html

Lorsque l'on me demande quelle profession j'exerce, et cela arrive assez souvent finalement, j'ai deux options. Si je suis plutôt pressée, fatiguée ou un peu fainéante, je vais au plus court en répondant que je suis documentaliste. Et si je suis d'une humeur pointilleuse et que j'ai un peu de temps devant moi, je lance un « professeure documentaliste » qui en laisse plus d'un perplexe.
À l'évidence, le rôle de la documentaliste[1] dans l'Éducation nationale n'est pas si limpide que ça, peut-être parce que ses différentes facettes, tâches et missions ne sont pas toutes connues... Un travail de communication s'imposant donc, voyons quelles sont les différentes composantes de ce travail si mystérieux.

Côté prof : La documentaliste en sait des choses et aimerait les partager avec les élèves

Point très important qu'il ne faut surtout pas oublier au risque de vexer la documentaliste ou pire de la mettre dans une rage noire : la documentaliste est un **prof**... même si c'est la seule personne dont on ne sait pas que c'est un prof ! Si, si ! D'ailleurs, c'est souvent à cause de cette ignorance que la documentaliste met un point d'honneur à dire qu'elle est « prof doc ». Si c'était évident, elle ne le dirait pas à tout bout de champ !
Preuve irréfutable à ce point très très importante : la documentaliste a obtenu un CAPES (c'est à dire un Certificat d'Aptitude au Professorat de l'Enseignement du Second degré) comme tous les autres profs ! C'est officiel, en obtenant ce concours, la documentaliste est apte à enseigner.

La documentaliste n'est donc pas forcément vieille, poussiéreuse et avec des lunettes qui lui donnent l'air sévère.

1 Je parle de « la » documentaliste, non pas parce qu'il n'existe aucun homme dans le métier, mais parce que c'est un travail principalement représenté par la gent féminine.... et j'en fais partie !

Elle peut être jeune, toute propre, toute gentille et mal coiffée certains jours... comme n'importe quel professeur de discipline.

Alors, pourquoi ne sait-on pas qu'elle est prof ?
C'est assez simple : la documentaliste des collèges et lycées est la seule prof qui n'a pas de discipline bien à elle (ou plutôt qui n'enseigne pas à plein temps une discipline unique), elle n'a pas ou peu d'heures d'enseignement inscrites dans l'emploi du temps des classes, donc pas ou peu de classes attitrées (de zéro à plein) et pas de programme. C'est assez logique que personne ne sache que la doc est prof ! Ces raisons font donc de la documentaliste une prof à part... mais prof quand même, il ne faudrait pas l'oublier.

Mais que fait-elle alors ?
Des fois la documentaliste bataille pour avoir des classes ou fait du charme aux autres profs pour qu'ils viennent au CDI avec leur classe. Quand ça marche, elle est toute heureuse, elle peut apprendre à tous ces petits jeunes tout ce qu'elle sait sur les livres, les journaux et magazines, Internet, les textes, les images... Elle permet aux profs d'affiner leur travail en leur indiquant les ressources disponibles au CDI... et par là même leur offre la possibilité de donner encore plus de travail aux élèves ! Pour eux, elle réalise des bibliographies thématiques, construit des piles de livres à l'équilibre incertain ou prête des livres à long terme pour le travail en classe.
Elle travaille aussi avec des classes quand des enseignants de discipline font cours avec elle au CDI ou quand la documentaliste participe à des dispositifs et projets divers et variés (Itinéraires De Découverte et autres Travaux Personnels Encadrés). Elle apprend alors aux élèves à chercher des documents, noter les références, utiliser Internet, se repérer dans la masse d'informations qu'ils ont à leur disposition, sélectionner l'information intéressante ou encore mettre en forme leur travail. Sans compter qu'elle collabore aussi avec la conseillère d'orientation psychologue (COP) lorsqu'elle vient au CDI avec des classes. C'est l'occasion pour les élèves de faire des recherches sur les métiers, les études, les formations et les différents diplômes existants, de découvrir la documentation dédiée à l'orientation et ainsi de travailler sur leur projet personnel.

Dans certains établissements, il arrive même que la documentaliste soit seule face à une classe pour faire « cours de CDI ». Elle prépare et donne alors des heures de cours d'initiation au CDI et à l'utilisation de ses ressources. C'est l'occasion rêvée pour faire des élèves de petits spécialistes de la documentation. Elle leur apprend à chercher des livres dans le CDI et à comprendre leur classement, elle leur montre les différents documents disponibles, les aide à utiliser dictionnaires et encyclopédies (livres souvent très utiles dans leurs recherches) ou leur donne des astuces pour utiliser les moteurs de recherche... Il faut la voir, ravie quand un élève se débrouille tout seul dans le CDI, enchantée quand un autre a compris que le nom d'un auteur peut être utile, voire nécessaire pour retrouver ses livres sur les étagères, et elle saute de joie quand un élève réussit à ranger un livre correctement (il a compris le classement !).

Enfin, elle peut même, à l'occasion, être la prof des autres profs (!) lorsqu'elle leur apprend, par exemple, à se servir de la base de données du CDI. Incroyable, la documentaliste serait donc une super prof !

Côté doc : La documentaliste fait tourner la boutique... enfin le CDI.

Ne pas confondre documentaliste et CDI

La documentaliste ne fait pas qu'enseigner, elle travaille dans le CDI. Mais ce n'est pas un raison pour croire que CDI et documentaliste sont une seule et même entité. Combien de fois ai-je entendu « *Madame, vous êtes ouverte ce midi ?* » et combien de fois ai-je répondu : « *Moi, je ne suis pas ouverte mais le CDI si* ».

La documentaliste vit en symbiose avec son CDI : s'il est mal rangé, la documentaliste est dépassée, s'il est vide de ses occupants (les élèves), elle est tristounette et s'il n'est pas beau ou agréable, elle ne se sent pas bien. Bref, la documentaliste est aux petits soins pour « son » CDI et s'en occupe avec amour pour qu'il fonctionne à merveille. Et ce n'est pas une mince affaire car cela prend beaucoup de temps. Mais heureusement, la documentaliste a plus d'un tour dans son sac.

La documentaliste est assise derrière son bureau...

Une documentaliste assise n'est pas forcément une documentaliste qui prend sa pause, non ; des fois c'est pour assurer son travail de **gestionnaire du fonds documentaire**. En d'autres termes, et pour faire court, bien souvent quand la documentaliste travaille sur l'ordinateur, elle s'occupe de la base de données informatiques du CDI. Parce que c'est bien beau d'acheter des livres en pagaille et de s'abonner à des revues, mais il faut bien les répertorier pour que les élèves et les profs ait un moyen de savoir qu'ils existent. La gestion informatique du fond est une tâche qui prend beaucoup de temps, peut-être est-ce pour cela que certaines documentalistes donnent l'impression de ne pas bouger de leur chaise. Pour cette partie du travail, la documentaliste doit être rigoureuse et précise... les élèves disent, eux, que la documentaliste est maniaque. Mais ce n'est pas toujours vrai. Regardez, la plupart des bureaux de documentaliste sont envahis de courriers, de livres, de piles de papiers divers et variés et de tout ce dont la documentaliste ne sait pas quoi faire.

Une maniaque n'aurait pas un bureau pareil.

Une autre raison de s'asseoir derrière son bureau est que la documentaliste a un petit rôle de... **secrétaire**. En fait, elle n'est la secrétaire de personne, ou alors juste d'elle-même, et cet aspect du travail se limite bien souvent à trier le courrier. C'est peu de choses, sauf à la rentrée de septembre : deux mois de courrier ! Quelquefois, elle répond aussi au téléphone. Mais attention, c'est une légende de dire que la documentaliste est toujours pendue au téléphone... si c'était vraiment le cas, on lui aurait coupé la ligne depuis bien longtemps !

La documentaliste est aussi apprentie **comptable**... parce qu'elle a énormément de responsabilités : elle gère un budget ! Un petit budget, pas très compliqué, mais quand même ! Mais, NON, la documentaliste n'est pas radine et NON, la documentaliste n'achète pas que les livres qui lui plaisent. Elle doit juste développer le fonds documentaire intelligemment en ne dépensant que l'argent qu'elle a. Alors, elle se creuse la tête, fait mille recherches, questionne ses collègues, consulte les élèves pour trouver les nouveaux livres qui auront pile-poil leur place au CDI.

Donc, si vous voyez une documentaliste plongée dans son ordinateur, ce n'est pas forcément parce qu'elle surfe sur Internet pour trouver des idées de recettes de cuisine ou pour tchater, qu'elle regarde des vidéos, qu'elle joue à des jeux en ligne ou qu'elle fait ses achats. Bien souvent, quand elle est à son ordinateur, la documentaliste travaille !

... mais elle bouge aussi !
Être documentaliste, c'est aussi ranger des livres, en chercher d'autres, grimper sur les chaises pour atteindre le haut des étagères (parce que certaines documentalistes sont vraiment trop petites), faire des photocopies, mettre en place des expositions, aller chercher le courrier, monter les escaliers... et les redescendre, aller entre deux sonneries dans telle ou telle salle, foncer avant la sonnerie... pour boire un café.

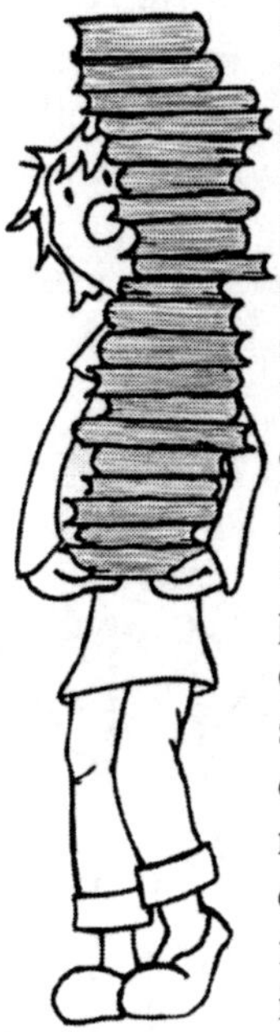

Il faut même être sacrément musclée, et un peu manutentionnaire, pour porter des tonnes de livres et de cartons (souvent remplis de manuels scolaires) d'un bout à l'autre de l'établissement.
Sans oublier que la documentaliste est aussi **informaticienne** et souvent **dépanneuse** d'appareils divers et variés... bien qu'il ne soit écrit nulle part que la documentaliste est préposée à l'informatique ou à la photocopieuse... ni au café d'ailleurs (hé oui !). Mais il faut la voir se jeter sur l'imprimante qui avale le papier en faisant de drôles de bruits, aller d'un ordinateur à l'autre, courir d'un pas vif vers le photocopieur... toujours vide et qui chiffonne lui aussi le papier, s'arracher les cheveux devant un ordinateur qui refuse de s'allumer, se ruer vers le serveur à relancer... Pas de panique : la documentaliste est là, fatiguée mais toujours prête ! C'est intense et ça va vite.

Par contre, souvent en fin d'année, c'est le contraire. On retrouve la documentaliste debout devant les étagères, à bouger lentement... ou très très peu. On pourrait croire qu'elle est très fatiguée et qu'elle s'économise un petit peu. Eh bien, non, en fait elle n'est pas plus fatiguée qu'un autre jour : elle fait l'inventaire. En bonne **gestionnaire de stock**, elle compte les livres, pour savoir

si certains n'ont pas mystérieusement disparu, pour déterminer si tous sont encore utiles et ainsi en retirer certains des rayons (trop vieux, trop abîmés...). Dans ce cas-là, la documentaliste se déplace peu, elle est juste le nez dans ses feuilles puis dans les étagères, elle se baisse pour voir le bas des rayons et se met sur la pointe des pieds pour le haut... et tout cela dans un mouvement général allant plutôt de gauche à droite. Drôle d'activité physique.
Documentaliste n'est donc pas un métier reposant (même faire l'inventaire peut en user plus d'une) : il faut se presser, faire plein de choses à la fois tout en prenant garde à ne rien oublier. Est-ce pour cela que, de temps en temps, la documentaliste soupire d'aise en s'asseyant ?

Côté élèves : La documentaliste est toujours ravie d'accueillir tous ces chers petits

Toujours prête, serviable et aux aguets

Pendant que la documentaliste fait sa liste d'achat de livres, se bat avec les chiffres, met une dernière touche à ses cours ou porte des kilos de livres, eh bien, le CDI n'est pas fermé, il y a du monde ! Et elle accueille à bras ouverts tout le personnel de l'établissement et les élèves. Car la documentaliste travaille dans le relationnel... mais, du coup, son travail n'avance pas aussi vite qu'elle le voudrait.
En effet, quand la documentaliste se concentre sur une tâche de haute importance, il faut qu'elle soit capable, dans le même temps, de surveiller les élèves, de les aider ou de répondre à leurs questions. Et des questions, il y en a ! « *Où est rangé le livre avec la couverture bleue ?* », « *Avez-vous le journal d'hier ?* », « *Est-ce que vous avez le livre où le héros est un... ?* », « *Est-ce que ça imprime en couleur ?* », « *C'est quoi le salaire d'un chirurgien dentiste ?* »... Mine de rien, c'est avec toutes ces questions que la documentaliste se cultive : elle apprend des tas de choses qui, finalement, ne lui sont pas d'une grande utilité, mais elle apprend beaucoup quand même. **Agent de renseignement**, mais aussi **conseillère** et **assistante technique :** la documentaliste a une solution à tout (enfin elle essaie). Un élève cherche le magazine qu'il avait lu la dernière fois qu'il est venu au CDI, un autre voudrait lire telle bande dessinée (qui s'avère être dans les mains d'un autre) pendant que d'autres errent dans le CDI en cherchant le livre dans lequel ils pourraient se plonger. Un élève ne trouve pas un mot dans le dictionnaire pendant qu'un autre cherche, lui, les dictionnaires. À l'ordinateur, un élève ne trouve plus l'icône du navigateur, un autre ne sait pas quoi inscrire sur le moteur de recherche et il y en a encore

un qui n'arrive à rien avec la mise en page d'un travail personnel, sans compter celui qui se demande s'il vaut mieux mettre le titre en rouge... Réactive ! Elle les aide, les guide, les conseille... ha, elle les aime ses élèves. Mais quand elle a le dos tourné, certains farceurs en profitent pour faire n'importe quoi.
La documentaliste est donc aussi **agent de surveillance** : l'œil de lynx du CDI. Elle épie l'élève qui, discrètement, va sur des sites de jeu, est à l'affût de celui qui fait mine de lire en tripotant son téléphone portable et guette le moindre élève qui, subitement, aurait envie de grimper sur les tables. Alors forcément, la documentaliste peut être sévère et il est possible qu'elle dise « *chut* » mille fois par heure, qu'elle donne des avertissements... pire qu'elle renvoie un élève d'où il vient. Elle n'a pas toujours le choix, la documentaliste : il faut bien que les élèves respectent le lieu et son règlement. Cela ne lui plaît pas toujours de faire le vigile et, le plus souvent possible, elle s'arrange quand même pour être gentille et souriante.

Parés pour un voyage immobile au CDI
La documentaliste a une manie : les livres. Hé oui, elle adore travailler parmi eux, les bichonner, sentir leurs pages (ah, l'odeur d'un livre neuf !), bien les couvrir et les ranger. Pour elle, le livre est un vrai trésor, source d'enrichissement et d'ouverture sur le monde et à la culture. Alors, **guide touristique**, elle emmène ses élèves à la découverte des merveilles et richesses de ce monde. Et en véritable **exploratrice**, elle leur fait faire un bond dans l'inconnu. À leur retour, leurs bagages débordent de souvenirs... ils apprennent, comprennent, réfléchissent et même rêvent. Le livre, ayant des supers pouvoirs, la documentaliste ne peut pas ne pas en faire profiter ses élèves.

Elle aimerait bien leur faire découvrir la richesse des livres, qu'ils se rendent compte que le livre n'est pas « barbant, vieillot et dépassé » et qu'au contraire il peut être d'une grande aide. D'ailleurs, beaucoup d'élèves la maudissent, la documentaliste, parce qu'elle les empêche de se jeter sur Internet pour le moindre travail scolaire. Elle dit toujours : « *Regarde donc dans les livres avant d'aller sur les ordinateurs* ». C'est rageant, mais la documentaliste sait bien qu'il suffit parfois de consulter un dictionnaire, une encyclopédie ou un livre documentaire pour trouver les informations nécessaires à la réalisation d'un travail.
Elle aimerait bien aussi qu'ils prennent plaisir à lire. C'est donc elle qui poursuit les élèves, un livre à la main, en disant : « *Prends ce livre, tu vas voir, il est très bien !* ». Parce qu'elle adore la lecture et, comme tout passionné, elle veut partager et transmettre sa lubie. Telle une **vendeuse**, elle fait l'article de son produit au prix imbattable (le prêt est gratuit) et d'une valeur inestimable. Elle

invente des tactiques et monte des « business plan » pour écouler tout le stock (si possible). Alors, dès qu'un défi lecture est mis en place dans un établissement, vous pouvez être sûre qu'elle est de la partie. Elle peut même être la **gentille organisatrice** de l'événement. Par de longues conversations avec les lecteurs ou juste par de petites remarques déguisées, elle devine que certains livres du défi ont plu... même aux plus récalcitrants (plus ou moins réfractaires à la lecture... ou à la documentaliste). Car le défi lecture n'est pas toujours du goût de tous, mais petit à petit, ils lisent et finalement apprécient (sans vraiment le dire, ce serait trop la honte d'avouer son « erreur » !).
Et puis, pour les élèves qu'elle voit tous les jours et qui lui réclament de la lecture (si, si, ça arrive !), elle les questionne sur leur goûts pour les conseiller, les pousse à emprunter un livre bien précis parce qu'elle est sûre et certaine qu'il plaira (c'est imparable) ou en met d'autres bien en évidence et de manière attrayante, comme dans une vitrine. Un de ses petits plaisirs est, notamment, de voir ses élèves, grand sourire aux lèvres, mettre la main sur le livre tant attendu qui vient à peine de paraître... ou de les revoir fréquemment pour demander si le livre en question est enfin revenu au CDI. Ah, ça fait partie des joies de son métier !

À la fin de sa journée de travail, la documentaliste rentre chez elle lessivée, autant physiquement (mille kilomètres parcourus, mille marches d'escaliers escaladées, mille kilos de livres portés...) que mentalement (elle travaille parfois dans le brouhaha, a une concentration maximale sur certaines tâches, une réflexion de haut niveau pour répondre aux milles questions des élèves...). De retour à son domicile, la documentaliste n'en a pas fini pour autant. Elle se lance bien souvent dans ce qu'elle n'a pas réussi à réaliser dans la journée : les prochains cours à mettre en place, les projets et bilans à rédiger, le site Internet du CDI, voire de l'établissement, à gérer... La documentaliste ne s'ennuie pas... même chez elle. Et le soir, quand elle s'endort, elle pense à tout ce qu'elle devra faire le lendemain et surtout à tout ce qu'elle ne devra pas oublier de faire. Et quelquefois, il arrive même qu'elle rêve de son travail : surveiller des élèves, donner des cours, faire la guerre à une horde d'imprimantes en folie, se perdre dans les couloirs et ne plus retrouver son CDI, recevoir des fleurs de la part d'élèves qui la remercient pour tout ce qu'elle a fait pour eux...

Au secours les manuels reviennent !

J'ai fait un affreux cauchemar.
Des milliers de manuels s'entassaient devant moi. Il me fallait les feuilleter, les compter, les trier, les empiler, les soulever, les déplacer, et il en revenait, encore et encore, inexorablement. Heureusement, grâce à mon gabarit de déménageur, j'évitais le pire. Mais...
Il y avait aussi les élèves ! Ceux qui se trompaient de jour, ceux qui rendaient des lambeaux de manuels, ceux qui devaient, impérativement, les rendre le premier jour à la première heure, parce qu'ils avaient un rendez-vous urgent chez l'orthodontiste, l'orthophoniste, l'orthopédiste. Et ces élèves, qui ne fonctionnaient plus droit, jetaient leurs manuels dans le CDI pour s'en débarrasser plus vite, avant de s'enfuir. Mais...
Il y avait aussi des profs ! Ceux qui avaient oublié les fiches d'état des livres, ceux qui avaient oublié de prévenir les élèves, ceux qui râlaient parce que c'était trop tôt ou trop tard, ceux qui ne pouvaient pas ce jour-là, ceux qui oubliaient d'accompagner leurs élèves. Et là, là vraiment ç'en fut trop ! Je me suis réveillée en sursaut, en hurlant : « Au secours les manuels sont de retour ! » Mais, heureusement, tout cela n'était qu'un cauchemar.
N'est-ce pas ?

Agnès Cornet
Professeure-documentaliste
Lycée Lucas De Nehou (Paris)

Et les manuels ?

La question revient sur le tapis comme une éternelle rengaine : "Et qui se charge des manuels scolaires ?"
Comme tout le monde le sait, chacun essaie de passer la patate chaude à son voisin : les professeurs principaux aux CPE, les CPE à l'administration, l'administration au professeur-documentaliste... qui se trouve en fin de chaîne et ne peut refiler le boulet à personne. C'est donc généralement lui qui, joyeux et libéré de toute autre tâche subalterne, se trouve investi de cette importante mission... on ne peut plus lourde tant en temps qu'en quantité de travail. Et tant pis si ses vertèbres asservies crient grâce sous le poids du fardeau qui vient encombrer inutilement le CDI. Les élèves iront lire en permanence (pour une fois que les rôles sont inversés).
Les sempiternelles récriminations sur les listes de diffusion n'y changent rien : tout le monde semble trouver qu'il est tout naturel que cette tâche échoie au professeur-documentaliste ; enfin quoi, les livres c'est son métier ! Quand ce n'est pas le professeur documentaliste qui endosse lui-même les fers de l'infamie (Mais que diable allait-il faire à cette galère ?) pour ne pas s'attirer les foudres de ses collègues, voire tout simplement par pure bonne volonté et esprit d'équipe. C'est vrai enfin, les collègues ont d'autres choses plus importantes à faire. Et nous alors, on n'a rien de plus important à faire ?
Les instructions sont pourtant très claires concernant la gestion de l'objet du délit : c'est un travail d'équipe dans lequel tout le monde est impliqué par décret et l'inspection de l'académie de Nice a parfaitement résolu la question de la répartition des tâches en synthétisant les IO dans une circulaire équitable, pour un meilleur commerce entre les membres de l'écosystème éducatif (tout l'écosystème, les parents étant chargés de couvrir d'un doux voile de plastique transparent les précieux objets en fin de chaîne).
Ce texte, stipulant clairement que le professeur-documentaliste n'intervient qu'en tant qu'expert, et non comme manutentionnaire, ni même comme gestionnaire, est accessible en tapant al requête "circulaire IPR Nice manuels" ou aux adresses suivantes :
http://sd-1.archive-host.com/membres/up/193801549066317559/CirculairedesIPREVSdeNiceaproposdesmanuelsscolaires.doc
et
http://www.snes.edu/2006-Gestion-des-manuels-scolaires.html

A utiliser sans modération en toutes circonstances !

Philippe Marhic
Professeur-documentaliste
Collège Mozart (Paris)

La réalisation de nouveaux CDI
Le professeur-documentaliste, collaborateur à part entière du projet architectural[2]

Philippe Marhic
Professeur-documentaliste
Collège Mozart (75019)

L'aventure commence avec la construction du CDI, érigé par un ensemble de partenaires institutionnels collectifs (rectorat + Conseil régional pour les lycées, rectorat + Conseil général pour les collèges) et privés individuels dont l'architecte. Or, l'utilisateur final du CDI, celui qui investira les lieux et en assurera le fonctionnement opérationnel au quotidien, n'est autre que le professeur-documentaliste. Lui seul connaît les impératifs pédagogiques de bon fonctionnement ; lui seul, en tant que spécialiste de bibliothéconomie, est en mesure d'édicter le cahier des charges fonctionnelles des locaux qui accueilleront son public et lui permettront d'assurer dans de bonnes conditions sa fonction spécifique de formation et de soutien aux élèves. Il semble donc indispensable que le professeur-documentaliste soit associé à la construction ou à la rénovation des lieux, tant auprès des consultants en architecture qu'auprès de l'architecte lui-même. Ou, a minima, auprès d'un référent institutionnel chargé de l'interface entre les administrations et l'architecte et qui se porterait garant, dans l'élaboration des lieux, du respect des conseils prodigués par le professeur-documentaliste.

Afin de réaliser un CDI fonctionnel, un certain nombre de questions se posent en amont de la réflexion architecturale. La toute première relève d'une considération d'ordre humain : quel public sera accueilli au CDI et par qui ?
Le public dépend du type d'établissement. Selon que le CDI se situe dans un collège ou un lycée, voire les deux regroupés dans une même structure ; selon que l'établissement accueille des filières générales, technologiques ou professionnelles ; selon que ces filières accueillent ou non des formations supérieures (CPGE, BTS) ; selon la taille et la capacité d'accueil de l'établissement ; selon sa localisation (milieu urbain ou rural, pour un lycée agricole par exemple), l'espace CDI devra être pensé différemment afin d'accueillir tous les élèves et les personnels dans des conditions appropriées à leur filière et à leurs besoins spécifiques. Il est ainsi concevable que chaque

---

[2] Article rédigé après une table ronde de la FADBEN autour d'un schéma heuristique en cours de réalisation par la section de Paris. Ce schéma devrait bientôt être disponible en ligne sur le site de la FADBEN.

niveau (collège, lycée, classes supérieures) bénéficie, au sein du CDI, d'espaces propres à accueillir les ouvrages qui leur sont plus particulièrement destinés et à leur offrir une configuration correspondant aux besoins de travail identifiés : espaces informatiques, espaces de travail individuel ou en groupe, espaces de lecture, de recherche, espaces dissociés en fonction du niveau…
Ces mêmes impératifs, plus deux, s'appliquent au professeur-documentaliste. En effet, le professeur-documentaliste se voit attribuer la responsabilité civile des élèves qui lui sont confiés, en plus de sa mission d'enseignement. La première de ces deux dimensions entraîne des considérations spécifiques complémentaires de la seconde, ainsi que des autres missions définies par la circulaire de mission n° 86-123 du 13 mars 1986 que nous rappelons ici pour mémoire : formation des élèves à la recherche documentaire, participation à l'activité pédagogique de l'établissement et à son ouverture sur le monde, gestion du centre de ressources documentaires multimédia. La communication constitue donc également une importante partie du travail du professeur-documentaliste, conjointement et en complémentarité de sa tâche pédagogique.

Que fera-t-on donc au CDI ? Si nous considérons la chaîne documentaire dans son ensemble et par ordre chronologique des opérations, on répertoriera tout d'abord l'ensemble des ressources disponibles et on évaluera les besoins dans le cadre du projet d'établissement avant de passer des commandes. Puis il faudra recevoir, équiper, cataloguer, classer et ranger le matériel. Une partie sera mise à disposition du public (élèves et équipe éducative), une autre réservée au professeur-documentaliste, une dernière enfin sera archivée. Là encore, des espaces adéquats doivent être pensés. Il faudra ensuite programmer les activités en interne et à l'extérieur de l'établissement avant de passer à la phase pédagogique de formation et d'aide à la recherche informationnelle et documentaire avec les élèves, partie la plus importante du travail à laquelle tous les préalables cités sont subordonnés.
Le tout avec en arrière-plan l'idée permanente que l'ensemble de ces tâches ont pour but ultime la formation des élèves et le soutien indispensable à leur réussite scolaire en adéquation avec leurs besoins propres en termes d'identité et d'épanouissement… sous le contrôle du professeur-documentaliste, garant de la bonne utilisation du matériel dont la gestion lui est confiée et de la sécurité de tous. Les conditions d'hygiène et de sécurité devront donc être garanties en même temps que la présence permanente du professeur-documentaliste. Comment s'en assurer si ce n'est en se posant la question de la localisation des locaux du CDI et de ses différents espaces ?

La localisation au sein de l'établissement vient en premier lieu. Le CDI, plaque tournante de la communication au sein de l'établissement et en relation avec l'extérieur, est un centre de mutualisation des ressources. Il se situe au cœur des préoccupations documentaires de l'établissement et est donc un lieu clé pour les

élèves comme pour les membres de l'équipe éducative pour lesquels il met à disposition tout le matériel nécessaire au travail scolaire avec l'aide et le conseil technique du professeur-documentaliste. Il devra donc être visible, aisément accessible et utilisable, tant par les élèves que par les professeurs, par la Vie scolaire et l'administration. On évitera dès lors tout lieu trop confiné ou bruyant. Sa proximité avec des locaux tels que la salle des professeurs et le bureau de la COP s'impose. A l'inverse, un fond de couloir au dernier étage ou un sous-sol isolé seraient tout à fait inappropriés.
Afin de pouvoir assurer sa fonction en toute sérénité, le professeur-documentaliste, dont le temps de présence dans les locaux est plus important que celui de n'importe quel professeur disciplinaire, doit pouvoir bénéficier de la proximité, voire de la présence sur place, de toutes les commodités nécessaires (point d'eau, toilettes...) à lui assurer la plus large ouverture possible du CDI sous son contrôle permanent.
La localisation des espaces internes doit, quant à elle, lui permettre d'assurer l'ensemble de ses missions de manière continue. Des espaces de gestion, d'équipement, d'archivage (séries, manuels...), de rayonnage (romans, documentaires, périodiques), de prêt, de travail en groupe classe ou en groupe restreint (élaboration de dossiers, de panneaux ou d'exposés, TPE...), d'informatique, de consultation de la BDD, d'orientation, d'exposition et d'affichage (dans et hors le CDI : vitrines, panneaux), de circulation... Certains de ces espaces seront sécurisés (réserves et bureaux munis de serrures), d'autres plus ouverts, tous devant rester aisément contrôlables ou observables dans une parfaite visibilité, notamment grâce à l'aide de baies vitrées ou de miroirs.
Il faudra toutefois s'assurer que le confort des usagers n'est pas préjudiciable à la conservation des matériels et à l'utilisation des locaux, les premiers craignant l'humidité, mais également la chaleur et la trop forte lumière dispensée par des verrières (surtout en exposition sud), les seconds nécessitant la possibilité d'effectuer des projections en salle obscure ou de travailler en grand nombre. La présence d'espaces dissociés s'impose donc, jouxtant des espaces décloisonnés.

Tous ces espaces doivent donc, par ailleurs, assurer une capacité d'accueil suffisante, tant en termes d'élèves que de personnels et de matériel, pour un coût de fonctionnement adapté à la situation. La norme d'accueil actuelle, estimée à 10% du nombre total d'élèves inscrits dans l'établissement semble largement insuffisante. Succès de la politique d'augmentation du niveau culturel général mise en place depuis plus de 15 ans, lors d'heures pleines (midi, permanences...) un CDI accueille désormais fréquemment 15% des élèves de l'établissement. Dès lors, soit il refuse des élèves, ce qui est pédagogiquement inconcevable, soit il dépasse sa capacité d'accueil en termes de normes de sécurité actuelles.
Si la question du matériel et de l'équipement intérieur vient en aval, elle doit toutefois être pensée en amont : quelles installations électriques (éclairage,

chauffage, ventilation, stores électriques, système d'alarme, équipement en prises électriques et accès Internet pour les ordinateurs, et leurs périphériques, mais également pour la photocopieuse et le matériel audiovisuel), quelle bureautique (téléphonie et fax, interphone), quels mobilier et signalétique, combien d'ordinateurs, quelle sécurité (portique magnétique)... et pour quel coût (tant humain que financier) de maintenance, de gestion, d'évolution, d'adaptation en cas de nécessité de les moduler ou de les compléter.

Reste donc à traiter la question essentielle, celle des usages requis du CDI. Il doit être utilisable à tout moment par différents partenaires souhaitant intervenir en même temps : professeur-documentaliste dispensant une formation, professeurs disciplinaires préparant un cours, administratifs ou Vie scolaire se réunissant autour de documents officiels ou formant de futurs délégués, élèves réalisant un panneau d'affichage ou en groupe de travail autour d'un TPE, élèves réalisant un travail scolaire, effectuant des recherches sur Internet en vue d'un exposé ou rédigeant un rapport de stage sur informatique, lecteurs de romans, de périodiques ou de documents sur l'orientation... Tous devant pouvoir travailler simultanément sans se gêner, de manière individuelle ou en groupe. Les espaces devront donc être bien distincts et insonorisés, quitte à utiliser une mezzanine ou des salles indépendantes, mais reliées au CDI de manière fonctionnelle et aisément contrôlables, avec un nombre d'espaces individuels suffisant et propices à offrir des conditions de confort variées et acceptables (chaises et tables, fauteuils).

L'adéquation aux besoins des utilisateurs reste donc le critère déterminant de toute prise de décision afin de permettre au professeur-documentaliste d'assumer l'ensemble de ses missions, particulièrement ses missions pédagogiques, dans un cadre d'accueil aussi incitatif que possible à l'appropriation du CDI par les utilisateurs. Le professeur-documentaliste s'avère donc un collaborateur incontournable du projet architectural, depuis son élaboration jusqu'à sa réalisation.

L'horizon techniciste des professeurs-documentalistes ou l'enfermement dogmatique d'une profession

Daniel Moatti[3]
Chercheur au Ciméos/Limsic - EA 4177, de l'Université de Bourgogne
Docteur en sciences de l'information et de la communication
Habilité à diriger des recherches

Après une longue expérience pédagogique et professionnelle de 26 années (de 1981 à 2007) en tant que responsable de plusieurs Centres de documentation et d'information en collège et lycée, je perçois comme nécessaire d'en tirer quelques leçons utiles pour mes successeurs et d'illustrer l'enfermement d'une profession dans la recherche constante d'une identité professionnelle. Cette identité se construit et se justifie à travers l'usage et l'enseignement des technologies documentaires et informatiques. Ce regard, qui aurait pu être essentiellement sentimental et affectif, est aujourd'hui bien distancié. Deux années de travail universitaire intensif, l'écriture d'une habilitation à diriger des recherches et l'encadrement de doctorants m'incitent à l'objectivité, d'autant que cette réflexion est engagée depuis près de 15 ans, date de ma soutenance de thèse (en 1995) et de la publication de mes premiers articles relatifs au CDI.

L'enfermement peut prendre deux formes distinctes :

- La première consiste en une détention involontaire dans des lieux prévus à cet effet par la société : la prison pour des criminels, le camp de prisonniers de guerre lors d'affrontements militaires ou l'hôpital psychiatrique pour certains malades mentaux. Pour les auteurs du dictionnaire du CNRS, le Trésor de la langue française informatisé, c'est l'action d'enfermer : mettre contre leur gré des êtres vivants dans un lieu fermé dont ils ne peuvent sortir.
- La seconde est un placement volontaire dans un système qui implique un bornage strict empêchant un développement libre des idées et des réalisations concrètes[4]. D'après mon expérience personnelle et mon interprétation en tant que spécialiste des sciences de l'information et de la communication, c'est bien ce maintien volontaire, sur le long terme, dans

[3] Auteur de :
- *Outils de communication et propriété intellectuelle*, préface de Robert Charvin, Doyen honoraire de la faculté de Droit de Nice, éditions Tribord, Bruxelles, 2007, 136 p. (5€)
- *Le numérique, nouvel imaginaire éducatif*, Editions Universitaires de Dijon (EUD), à paraître durant le 2ème trimestre 2010, 282 p.

[4] Trésor de la langue française informatisé – « Enfermement, enfermer » : http://atilf.atilf.fr/dendien/scripts/tlfiv5/affart.exe?19;s=367704390;?b=0;

d'étroites limites, qui a conduit la profession à une impasse tant pédagogique qu'institutionnelle. Aujourd'hui, ce cul-de-sac apparaît en plein jour. Si le nombre de postes au CAPES de documentation continue de diminuer à ce rythme, la profession disparaîtra purement et simplement. Les professeurs-documentalistes certifiés seront à moyen terme remplacés par des agents contractuels, des personnes en contrats aidés et des collègues enseignants dans une discipline donnée et en reconversion pour diverses raisons. L'appui des autres professeurs est loin d'être acquis, tant ils ne considèrent pas les enseignants-documentalistes comme étant des leurs. Ils ont de bonnes raisons d'agir de la sorte. L'isolement des documentalistes a été trop profond et trop long pour que l'on puisse en quelques mots, en quelques semaines en effacer les dramatiques conséquences.

Les bornes de l'enfermement de la profession sont essentiellement conceptuelles et technicistes. Ce dernier mot mérite notre attention. J'aurais pu employer l'adjectif « technologiques », mais il tend trop à rappeler l'émerveillement des médias et des élites face aux TIC. Quant au mot « technocratique », son sens demeure trop péjoratif. Entre les deux, nous devons faire appel à la francophonie. C'est l'Office québécois de la langue française qui a forgé le mot « techniciste » et le diffuse dans le monde francophone par l'intermédiaire du Grand dictionnaire terminologique. Pour les linguistes de la « Belle province » le mot « technicisme [5]» est une doctrine qui professe un recours systématique aux moyens techniques, une confiance excessive dans les instruments et la mécanisation, négligeant ainsi les aspects humains du travail. Le techniciste devient l'adepte du technicisme[6]. L'adjectif qualificatif « techniciste » devrait compléter les deux premières définitions. C'est l'usage que l'auteur adopte par nécessité pour la suite de ce texte.

Deux aspects de cette influence de la technique au sein de notre sphère pédagogique m'ont profondément marqué. Ils m'imposèrent par la suite une réflexion salutaire accompagnée de propositions concrètes permettant d'envisager une rénovation pédagogique profonde de Centres de documentation et d'information des établissements publics locaux d'enseignement. Cette régénération, tout en intégrant les technologies de l'information et de la communication, devait donner une vision d'ensemble et un sens aux savoirs dispensés dans les CDI par l'appel aux sens des élèves.

[5] Grand dictionnaire terminologique de l'Office québécois de la langue française http://www.granddictionnaire.com/BTML/FRA/r_Motclef/index1024_1.asp
[6] Grand dictionnaire terminologique de l'Office québécois de la langue française http://www.granddictionnaire.com/BTML/FRA/r_Motclef/index1024_1.asp

Trois thèmes seront successivement abordés :

- La reconnaissance professionnelle par le choix de la technique ou l'enfermement dogmatique.
- La remise en cause des dogmes de la pédagogie documentaire par les usages informatiques des jeunes et les sciences cognitives.
- Des pistes de réflexions et propositions concrètes sur le rôle du professeur-documentaliste.

La reconnaissance professionnelle par le choix de la technique ou l'enfermement dogmatique

Comment suis-je devenu un enseignant-documentaliste ? Ancien élève en échec scolaire, j'ai réussi grâce aux professeurs patients et dévoués du lycée technique Baggio à Lille et du lycée d'Aubervilliers à obtenir mon baccalauréat en 1968. Puis, par plaisir, tout en étant surveillant d'externat et puis maître auxiliaire, j'ai continué des études d'histoire à l'Université de Paris I – Panthéon-Sorbonne jusqu'à l'obtention d'une licence d'enseignement d'histoire. Victime d'un accident du travail qui m'a sérieusement handicapé, j'ai passé, après avoir aidé la bibliothécaire-documentaliste de notre collège, un Diplôme d'études supérieures des sciences de l'information et de la documentation à l'université de Paris 13 – Villetaneuse. La liberté pédagogique des bibliothécaires-documentalistes et la diversité de leurs tâches m'avaient littéralement enthousiasmé. Après bien des difficultés, me voici bibliothécaire-documentaliste de l'Éducation nationale. Le statut n'est pas celui d'un professeur certifié, mais d'un adjoint d'enseignement. C'était un corps d'enseignants titularisés sans concours après avoir été maîtres auxiliaires durant une dizaine d'année environ. Ces enseignants devaient 36 heures de présence, mais chaque heure d'enseignement était décomptée pour deux heures de présence. C'est de ce statut bien particulier que les professeurs certifiés de documentation ont hérité, d'où les fameuses 30 heures + 6.

Bien que possédant une solide formation en documentation, en arrivant dans mon premier collège à La Courneuve, j'ai ressenti la nécessité de faire circuler l'information parmi les élèves comme parmi les enseignants. J'ai organisé des expositions, dont une sur le handicap. Les associations avaient mis à ma disposition des objets indispensables à la vie du mutilé :

- un réveil d'aveugle, dont les aiguilles ne sont pas protégées par une vitre,
- des amplificateurs de son,
- des encadrements de porte permettant les déplacements en fauteuil roulant.

Le succès a été grand.

Bien sûr, j'ai aussi pris en charge l'organisation matérielle de concours « lecture », mais lors de la visite de l'inspecteur pédagogique de Lettres organisée dans le Centre de documentation, mes collègues de Lettres n'ont même pas eu la politesse de m'inviter à la table de discussion. C'était une première leçon que je n'oublierai pas et qui me servira ultérieurement.

Quelques années plus tard, formateur sans décharge horaire en documentation administrative, je m'indignais face à la pseudo initiation documentaire consistant à apprendre aux élèves des classes de sixième les rudiments des classifications numériques Dewey ou CDU.

Comment pouvait-on imposer l'apprentissage de concepts supplémentaires dans une école qui oubliait de plus en plus l'existence des sens ?

Cette question m'interpellait d'autant plus que l'introduction de l'informatique et de l'Internet dans les classes a suivi un mouvement exponentiel qui renforçait la dématérialisation de l'enseignement. Intuitivement, parce que j'avais été un élève en échec scolaire, je pensais que ce n'était pas la bonne voie de remédiation. Cependant entre l'intuition et la compréhension de divers phénomènes sociologiques, pédagogiques et institutionnels puissamment imbriqués, il fallait le temps nécessaire à l'exploration et à la découverte des mécanismes cachés du système.

En fait, la profession recherchait une reconnaissance pédagogique. Les bibliothécaires-documentalistes de l'Éducation nationale n'étaient pas « sanctifiés » par un concours national de type CAPES ou agrégation. Dès lors, leur place au sein de l'établissement était contestée de l'intérieur par de nombreux enseignants qui ne nous considéraient pas, avec juste raison, comme des leurs, par la Surveillance générale (aujourd'hui, « Vie scolaire ») qui souhaitait annexer les lieux et le documentaliste, et de l'extérieur par le système scolaire lui-même qui trouvait, ainsi, un moyen commode de reconvertir ses enseignants ayant perdu la capacité de faire cours devant une classe. Au travers des échanges de courriels sur les diverses listes de diffusion des enseignants-documentalistes, le constat reste le même aujourd'hui. Les débats sont figés. De 1970 à 2010, sur quatre décennies, les préoccupations restent constantes. L'instabilité du statut, en dépit de l'obtention du CAPES de documentation, leste lourdement la profession. À l'optimisme des années 1990 succède une morne résignation accompagnée de sursauts indignés.

Dès lors, ce besoin absolu de reconnaissance s'explique et la voie techniciste semblait la plus évidente et la plus appropriée. Deux options successives et complémentaires se sont offertes aux documentalistes :

- L'enseignement des concepts premiers des classifications décimales.

- L'enseignement de la recherche documentaire informatisée.

À la première constituée lors de l'enseignement des concepts essentiels nécessaires à la compréhension des classifications décimales « Dewey ou CDU » correspondait la grande période de la « marguerite » qui est toujours utilisée dans certains collèges comme le montre l'exemple ci-dessous[7]. Les couleurs, ici représentées par des zones de gris plus ou moins intenses, permettent un repérage plus facile pour les collégiens par l'adjonction d'un symbole coloré au dos du livre, chacune des grandes classes ayant pour attribut une couleur déterminée.

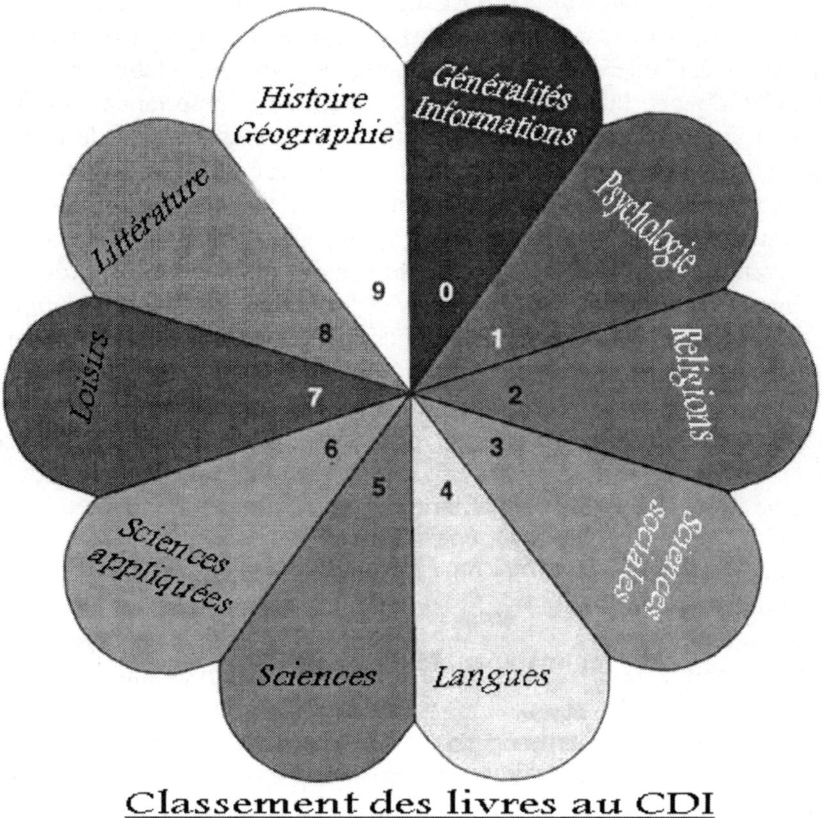

Classement des livres au CDI

Cet enseignement par demi-classe des notions documentaires aurait dû permettre une reconnaissance par les enseignants de disciplines. D'une part, ces enseignants ne connaissent pas les principes des classifications documentaires et, d'autre part, enseigner cette approche avec les élèves impose un partage de la

[7]-http://www.ac-grenoble.fr/college/sand.la-motte-servolex/ancien_site/cdiclassement.html

classe en deux groupes, le premier travaillant en classe avec l'enseignant, le second au CDI avec le documentaliste.

La reconnaissance n'étant toujours pas au rendez-vous, l'arrivée d'Internet a été l'occasion d'un sursaut venu de la haute hiérarchie pédagogique. La volonté de deux Inspecteurs généraux de l'Éducation nationale, Guy Pouzard et Jean-Louis Durpaire, successivement présidents du CAPES externe de documentation, a amorcé une reconversion du CDI. L'article au titre sensationnel de Guy Pouzard « Il est temps que l'école se saisisse pleinement d'Internet et de l'ordinateur[8] » lança la réforme des Centres de documentation et d'information. L'enseignant-documentaliste devait être à la pointe de la réforme pédagogique impulsée par les nouvelles technologies de l'information et de la communication. Quelques années plus tard, l'orientation est confirmée par la proposition de Jean-Louis Durpaire de créer une politique documentaire dans les établissements. Le rapport 2004 de cet Inspecteur général confirmait l'importance du rôle du documentaliste dans l'établissement scolaire. Ce dernier devenait le conseiller en communication du chef d'établissement (proviseur de lycée ou principal de collège), en présentant chaque année un rapport sur les progrès accomplis durant l'année scolaire écoulée et les propositions faites pour l'année ou les années suivantes. Le professeur-documentaliste devait devenir le coordonnateur de la politique documentaire des collèges et lycées en établissant des objectifs communs avec les collègues des disciplines[9]. L'importance de cette ouverture, qui était en apparence une avancée, a été avalisée par les représentants de la profession qui y ont vu la reconnaissance officielle tant attendue. C'est bien le sens de la conférence de l'ancienne présidente de la FADBEN à Aix en Provence, lors de la journée de réflexion professionnelle du 10 mars 2004. La notion de politique documentaire y est reprise et largement commentée.

Le projet documentaire ne s'arrête plus à l'horizon du CDI, mais entre dans une logique globale « de l'élève à l'établissement »[10]. À leur tour, les formateurs et enseignants-chercheurs des IUFM ont récupéré l'idée et l'ont complétée en lançant le concept du « curriculum en information-documentation ». Le livre de Marc Demeuse et de Christiane Strauven, *Développer un curriculum d'enseignement ou de formation*[11] établit une approche linéaire de ce concept. Le curriculum en information ne peut correspondre à un enseignement centré

---

[8] Guy POUZARD, « Il est temps que l'école se saisisse pleinement d'Internet et de l'ordinateur », *Le Monde* du 31 octobre 2000

[9] Jean-Louis DURPAIRE, *Les Politiques documentaires des établissements scolaires*, rapport de l'Inspection générale de l'Éducation nationale, 2004, 60 p.

[10] Françoise VERNOTTE, « La politique documentaire des établissements scolaires », conférence du 10 mars 2004 à Fréjus. http://www.ac-nice.fr/docazur/spip.php?article94

[11] Marc DEMEUSE, Christiane STRAUVEN, *Développer un curriculum d'enseignement ou de formation : des options politiques et pilotage*, éditions De Boeck, collection Perspectives en éducation, Bruxelles, 2006, 301 p.

sur des contenus. C'est aussi un processus d'acquisition de modes opératoires. Pascal Duplessis, formateur à l'IUFM des Pays de Loire, dans un texte publié par l'Association régionale des documentalistes de l'enseignement privé de Bretagne (ARDEP – enseignement privé catholique sous contrat avec l'État) suggère une démarche fondée sur le réductionnisme scientifique défini par Descartes. Lorsqu'un problème est trop complexe, il faut le décomposer en une suite d'exercices plus simples à résoudre. Le curriculum en information-documentation est essentiellement orienté vers l'emploi des outils informatiques et de leurs maîtrises[12]. Un tableau synoptique permet au lecteur de comprendre comment l'élève peut développer des compétences. En fait, nous avons un outil qui correspond à une grille d'évaluation comprenant 7 entrées verticales et 14 entrées horizontales. Cette suite de compétences à acquérir puis à auto-évaluer par l'élève lui-même, par les enseignants ensuite, est employée dans le système d'évaluation du Brevet Informatique Internet ou B2I[13]. L'auteur, dans une autre présentation, explique que c'est au professeur-documentaliste de former l'élève à cet ensemble de compétences en information-documentation essentiellement informatisées et connectées. Dès lors, toujours selon ce formateur, l'enseignant-documentaliste devient un expert en Sciences de l'Information et de la Communication[14].

Comment se fait-il alors qu'avec d'aussi hauts patronages et les compétences d'expertise en biblio-économie et en informatique/Internet, la reconnaissance des enseignants-documentalistes tarde à se concrétiser au sein de l'institution ministérielle comme au sein des établissements scolaires ? Le constat actuel ressemble à une potion bien amère :

- Le ministère diminue chaque année de façon drastique les postes du concours du CAPES de documentation, au point que sur trois documentalistes partant à la retraite deux ne sont pas remplacés par un professeur certifié de documentation ;
- Sur les listes de diffusion professionnelle, nombreux sont les collègues qui se plaignent d'être marginalisés au sein des équipes éducatives.

[12] Pascal DUPLESSIS, « Construction d'un référentiel de compétences info-documentaires Apports didactiques et enjeux professionnels », site de l'ARDEP de Bretagne, 2004 - http://ardep-bretagne.org/article.php3?id_article=69

[13] Brevet informatique et Internet, épreuve désormais intégrée au Brevet des collèges

[14] Pascal DUPLESSIS, « De la médiation documentaire à l'entrée dans la culture de l'information »
http://www.slideshare.net/cddp37/duplessis-colloque2009

Remise en cause des dogmes de la pédagogie documentaire par les usages informatiques des jeunes et les sciences cognitives

Plusieurs causes forment un faisceau tendant à marginaliser la profession dans son ensemble :

- Les premières correspondent à des dogmes pédagogiques bien établis qui entravent le développement d'une véritable pédagogie en information et communication.
- Les secondes découlent des usages adolescents de l'informatique qui ne correspondent pas aux attentes de l'institution scolaire.

Dogmes pédagogiques bien établis et entraves au développement d'une véritable pédagogie en information et communication

Les paradigmes pédagogiques ont lourdement pesé dans la balance et ont fait pencher le fléau vers la non-reconnaissance par les collègues. Je ne reviendrai pas sur la reconversion professionnelle des collègues ne pouvant plus enseigner devant une classe, j'ai longuement développé mon point de vue dans les listes de diffusion, étant moi-même gravement handicapé. Le premier point à aborder est celui de la classe. Un professeur enseigne, généralement à une classe entière ; sauf dédoublements de plus en plus rare, en langues ou en sciences. Pourtant, la doctrine développée par de très nombreux professeurs-documentalistes et l'inspection pédagogique était que le documentaliste ne pouvait enseigner qu'à une demi-classe. S'il se retrouvait devant une classe entière, il devait en partager la responsabilité avec un collègue de discipline.

Comment devenir le fer de lance de la rénovation pédagogique et des nouvelles méthodes pédagogiques en évitant systématiquement l'exercice solitaire d'un enseignement précis devant des classes entières ? Quelle image cette situation pouvait-elle suggérer aux collègues qui travaillent constamment devant 20 ou 30 élèves, voire plus ? Cette difficulté n'est toujours pas surmontée.

L'expertise en sciences de l'information et de la documentation et le curriculum qui en découle n'ont pas été regardés, et à juste raison, comme un véritable apport pédagogique. Cette expertise revendiquée peut l'être aussi par les enseignants des autres disciplines scolaires car les compétences en informatique et Internet ont été prises en compte par les formateurs des autres disciplines. Les professeurs d'histoire-géographie, de sciences de la vie et de la Terre, de sciences physiques, de lettres, de mathématiques, de langues, d'arts plastiques ou de musique ont à leur disposition une multitude de sites culturels référencés par leurs inspections générales respectives. Leurs listes de diffusion, leurs sites Internet prouvent amplement l'enrichissement mutualisé et les capacités acquises. Effectivement, dans leur propre domaine de compétences, les jeunes professeurs de disciplines formés dans les IUFM en savent plus qu'un documentaliste sur la validité et la pertinence des informations fournies par un site disciplinaire.

Ces deux points expliquent à eux seuls la distance établie entre enseignants classiques et professeurs-documentalistes.

Des usages adolescents en opposition aux attentes de l'institution scolaire

Entre les classifications décimales ainsi que les approches scolaires de l'informatique et les usages réels des collégiens et des lycéens, la dichotomie atteint d'énormes proportions qui remettent en cause les théories les mieux partagées.

L'inadaptation en milieu scolaire des classifications Dewey et CDU est reconnue. La CDU et la Dewey datent d'un siècle. Elles ont été réalisées en vue d'être utilisées par des professionnels, c'est-à-dire des bibliothécaires et des documentalistes, à une époque où le savoir était hiérarchisé et stratifié sous une forme que l'on croyait immuable. Or, les réalisations scientifiques du XXe siècle prouvent amplement que cette conception de l'organisation du savoir est périmée. Ce qui est encore plus grave, c'est que par habitude, par facilité, par acceptation de la chose proposée par la hiérarchie, les documentalistes ont diffusé dans tout le système scolaire, de la maternelle au lycée, ces classifications Dewey et CDU.

« *Les gens – dans la majorité des cas – répugnent par-dessus tout à devoir décider en fonction de leurs méditations : ce qu'ils aiment faire, c'est ce qui se fait en vertu des usages et des idées en cours, en un mot, des convenances* »[15]

Ces classifications numériques aggravent la situation des écoliers et des élèves dont les familles ne possèdent pas une forte tradition culturelle. En effet, la Dewey et la CDU participent à la conceptualisation de notre enseignement et contribuent de la sorte à ce que les CDI concourent à l'exclusion. Les bibliothécaires municipaux ne demandent pas aux enfants et adolescents fréquentant leurs bibliothèques de connaître la Dewey. Ils accueillent, renseignent et fournissent les ouvrages à la demande et après discussion avec le demandeur. Lorsqu'un conducteur désire remplacer le phare avant gauche de son véhicule, il cite devant le magasinier du service après-vente la marque du véhicule (Citroën), le modèle (C3), l'année de fabrication et le côté du phare concerné. Puis le magasinier recherche sur microfiche le code numérique de l'objet en question, la recherche n'est pas effectuée par le conducteur. Pourquoi

[15] VERCORS (Bruller, Jean-Marcel), *Ce que je crois*, éditions Grasset, 1975, 214 p.

imposer à des élèves surchargés par de lourds programmes l'apprentissage de concepts numériques inutiles ?

Les classifications numériques (BCD, Classification Dewey et CDU) liant un concept à un chiffre manquent de lisibilité, telle que l'entend François Richaudeau[16]. Il existe, en effet, une véritable opposition entre la logique de systèmes documentaires, certes mis régulièrement à jour, mais tout de même marqués par leur âge – un siècle – et le raisonnement des écoliers et des élèves qui recherchent les ouvrages documentaires par référence aux disciplines enseignées. Un exemple très simple permet de comprendre la nocivité pédagogique de ces systèmes. Le français est pour les collégiens un ensemble indissociable. La littérature et la grammaire forment à leurs yeux un tout, d'autant plus que c'est le même professeur qui les enseigne. Comment justifier leur séparation par le classement dans deux classes différentes fort éloignées l'une de l'autre : la classe 4 (linguistique) et la classe 8 (littérature) ? Dès lors, ces classifications numériques n'apparaissent plus comme des outils d'information adaptés aux écoliers et aux élèves des collèges. Le risque encouru est celui d'un rejet induit par le formalisme des classifications numériques. Or les documentalistes des C.D.I. des collèges et lycées ont opté pour la classification Dewey ou la Classification Décimale Universelle qui sont numériques. Pourtant, les bibliothécaires des universités constatent que les étudiants ne savent pas remettre un livre à sa place sur un rayon. Pour palier cette inattention estudiantine portée à la recherche documentaire, il est proposé aux étudiants des formations à l'utilisation des encyclopédies et des banques de données – voir les travaux des U.R.F.I.S.T (*Unité de recherche et de formation à l'Information Scientifique et Technique)*[17]. Ces faits prouvent largement que les séances d'initiation à la recherche documentaire offertes aux élèves des classes de sixième en collège et de seconde en lycée trouvent leurs limites.
L'irruption des nouvelles technologies aurait dû, suivant les théories développées par Seymour Papert[18] et Marc Prensky[19], permettre la naissance d'un nouvel élève : l'élève de l'ère numérique. Ce dernier-né avec les technologies de l'information devait les dominer de telle sorte que « natif de l'ère numérique », il renvoyait les enseignants balbutiant en informatique dans

---

[16] François RICHAUDEAU, *Recherches actuelles sur la lisibilité*, collection Actualité des sciences humaines, édition Retz, 1984, 159 p.

[17] URFIST, Unité de recherche et de formation à l'information scientifique et technique. Une Urfist couvre, en principe, une région et regroupe plusieurs universités. L'Urfist de Nice couvre les Universités de Corse, de Marseille, d'Aix-en-provence et d'Avignon et de Nice Sophia Antipolis.

[18] Seymour PAPERT, *Jaillissement de l'esprit*, ordinateurs et apprentissages, éditions Flammarion, collection Champs, 1981, 304 p.

[19] Marc PRENSKY, « Digitals natives, digital immigrants » in *on the Horizon*, MCB University Press, vol 9, N° 5, octobre 2001
http://www.marcprensky.com/writing/Prensky%20-%20Digital%20Natives,%20Digital%20Immigrants%20-%20Part1.pdf

le domaine de l'ignorance. D'ailleurs Marc Prensky, ne se gêne pas pour désigner les professeurs sous les termes péjoratifs « d'immigrants de l'ère numérique ». D'un côté se trouvent les jeunes nés avec les nouveaux outils de la communication technologique et qui les dominent, de l'autre s'éreintent de pauvres enseignants bricolant avec leur ignorance numérique pour essayer péniblement d'atteindre le niveau de leurs élèves.

Il suffit de renvoyer les lecteurs à la série de nouvelles publiées sous le titre *Les robots* d'Isaac Asimov[20] ou au roman *War games*[21] de David Bischoff pour comprendre que ces prévisions sont nées dans l'imaginaire techniciste américain. Toutefois, les usages, que la majorité des jeunes font des outils informatiques, démentent ces affirmations trop audacieuses.

Les faits s'opposent durement aux prévisions. Les technologies informatiques n'ont pas facilité l'appropriation de la culture par les élèves, elles ont au contraire permis l'émergence d'une contre-culture numérique au sens où l'entend Agnès Van Zuten[22]. Le copier/coller/imprimer, dénoncé par Michelle Bergadaà, Professeur à l'Université de Genève, qui déprime tant les enseignants-documentalistes, les blogs diffusant des images de violence, des réflexions racistes et homophobes et à l'écriture phonétique participent bien à cette culture anti-scolaire et essentiellement ludique qui s'oppose aux valeurs de travail, d'effort et de respect d'autrui véhiculées par les acteurs du système scolaire.

L'utilisation intensive du Net à la maison, en dehors du contrôle parental, et à l'école, autorise techniquement l'emploi constant du copier/coller/imprimer systématiquement utilisé du collège à l'université. Michelle Bergadaà, Professeur à l'Université de Genève, spécialiste du plagiat, propose des pistes de réflexions sur ces usages inattendus et, qui loin de mener les élèves et les étudiants à la réflexion, les entraînent dans une voie régressive qui empêche notre jeunesse de s'approprier puis de synthétiser le savoir[23].
L'écriture et l'orthographe deviennent un enjeu important et se situent au cœur du débat relatif aux technologies communicantes. La création de blogs et leurs animations occupent les loisirs de 54% des adolescents selon le rapport du Sénateur David Assouline[24].

---

[20] Isaac ASIMOV, *Les Robots*, éditions J'ai lu, 1967, 370 p.
[21] David BISCHOFF, *War games*, éditions livre de poche, 1983, 255 p.
[22] Agnès HENRIOT-Van ZUTEN, « L'École, la nouvelle donne » in *« Les Métamorphoses du pouvoir » Sciences Humaines*, hors série, n°11, décembre1995/janvier 1996, p. 38-41
[23] Michelle BERGADAA, « La relation éthique-plagiat dans la réalisation des travaux personnels par les étudiants », rapport de la Commission d'éthique de l'Université de Genève, 2008, 132 p. http://responsable.unige.ch/rapportunige/RapportPlagiat_Unige2008.pdf
[24] David ASSOULINE, *Note de synthèse, les nouveaux médias, des jeunes libérés ou abandonnés*, Sénat, 2008, 91 p.

Nicolas Pélissier, chercheur au Laboratoire I3M, a certainement raison de soutenir que la création de millions de blogs par les préadolescents, les adolescents et les jeunes adultes permet un développement de l'écrit jamais atteint dans les sociétés humaines[25]. Par ailleurs, Cédric Fluckiger avance de solides références pour affirmer que les blogs des collégiens apparaissent comme un instrument d'autopublication lié au besoin d'expressivité et de communication de cette classe d'âge, ce qui explique sa rapide expansion parmi les jeunes. La simplicité de création grâce aux logiciels gratuits incorporés sur les sites d'édition des blogs accélère ce phénomène d'adhésion massive[26]. Ces considérations sérieusement argumentées méritent pourtant d'être nuancées lorsqu'il s'agit d'examiner la qualité des écrits. Certes, les blogs établis dans les établissements scolaires sous la tutelle des enseignants restent d'un très bon niveau. Certains blogs développés par des adolescents dans un domaine pointu du savoir ont été signalés pour leurs qualités. Ainsi, François Laliard, spécialiste reconnu mondialement en coutellerie[27], signalait le blog du jeune Tony Martin pour la qualité de ses travaux, de ses recherches et de ses écrits présentés sur un blog relatif au parler Gabaye de Saintonge. Le spécialiste a été fortement étonné de recevoir un courriel bien rédigé de ce collégien connaissant les principes de la propriété intellectuelle lui demandant l'autorisation de dupliquer une image d'une serpette pour l'afficher sur son propre site[28].

De nombreux jeunes des classes préparatoires ont aussi mis en place des blogs d'aide aux révisions. Au contraire, l'ensemble des blogs des jeunes propose, comme les textos des téléphones mobiles, une écriture peu soucieuse d'orthodoxie orthographique. L'écriture est désacralisée. Le commentaire ci-dessous illustre bien ce rapport décomplexé à l'écrit :

> *« L'embrouille est fini j'ai eu ma deuxième opérations, notre fête est passé. c'est bientôt les vac's est nous serons surment pas tous ensemble l'année prochaine! Et ça, ça me dégoute! Je vous adore tous! Avec qui on a passé une super année... Je commence a avoir le bluze... Dire qu'au début de l'année on été même pas amies avec toi* [29]»

---

[25] Nicolas PELISSIER, Conférence à la Fête de l'Internet d'Antibes du vendredi 15 mai 2009

[26] Cédric FLUCKIGER, « La sociabilité juvénile instrumentée, l'appropriation des blogs dans un groupe de collégiens » in *Les blogs*, Réseaux, communication, technologie, société, volume 24, n°138, p. 109-138, 2006, 277 p.

[27] François LALIARD, *Un monde de couteaux*, http://www.couteaux-jfl.com/

[28] Tony MARTIN, « Mon parlanghe, le Gabaye », http://monpatoislegabaye.blogspot.com/2008/08/les-vendanghes.html

[29] Site d'une jeune collégienne – anonymé

Plusieurs études portant sur le long terme permettent d'évaluer l'impact des technologies de l'information et de la communication sur l'écriture et l'orthographe. Durant la période 1985/1990, les enseignants des collèges se plaignaient de la baisse de niveau de leurs élèves. Cette lamentation a été rapidement démentie par une étude menée par deux chercheurs de l'Institut national de la recherche pédagogique, André Chervel et Danièle Manesse, dans un ouvrage consacré à la dictée de 1873 à 1987[30]. Les auteurs ont recensé et étudié les copies de la dictée organisée par l'Inspecteur général Beuvain à travers toute la France en 1873. Ces documents étaient entreposés aux Archives nationales. Reprenant la dictée, un court texte de Fénelon, les deux rédacteurs l'ont réutilisée en 1987 avec des collégiens du même âge que les enfants de 1873[31]. Dans l'ensemble, et en dépit des premières apparitions en 1987 d'élèves n'ayant pas acquis les fondements de l'orthographe, André Chervel et Danièle Manesse concluent que le niveau s'est très nettement amélioré en un siècle d'école publique[32].

Vingt ans plus tard, Danièle Manesse a repris ses recherches et publié les résultats d'une enquête analysant les dictées d'écoliers et de collégiens de 1987 et de 2005[33]. Les résultats montrent un recul certain. Les élèves de CM2 de 2005 font 50% de fautes de plus que ceux de 1987 ; les élèves de troisième de 2005 font largement deux fois plus de fautes que ceux de 1987[34]. Outre des méthodes d'enseignement de l'orthographe non adaptées aux nouvelles générations d'élèves, Danièle Manesse met en cause une nouvelle conception de l'écrit, en particulier les textos et l'utilisation ludique de l'écrit avec les TIC[35]. Jacques David et Harmony Goncalves nuancent cette sentence en relevant la séparation que font les adolescents entre activités écrites ludiques et activités écrites scolaires[36]. La question reste posée, car l'orthographe demeure toujours un outil privilégié de sélection sociale et professionnelle[37].

J'aborderai très rapidement les problèmes liés à l'addiction aux jeux sur Internet, bien que ce phénomène touche près 20% des jeunes internautes et que

---

30 André CHERVEL, Danièle MANESSE, *La dictée, Les Français et l'orthographe 1873-1987*, éds. de l'Inrp/ Calmann-Lévy, Paris, 1989, 287 p.

31 ibidem, p. 9-21

32 ibidem p.255

33 Danièle MANESSE, Danièle COGIS, *L'orthographe, À qui la faute ?*, préface d'André Chervel, éditions Esf, Paris, 2007, 250 p.

34 ibidem, p.242-243

35 ibidem, p. 214

36 Jacques DAVID, Harmony GONCALVES, « L'écriture éléctronique, une menace pour la maîtrise de la langue ? » , *le Français aujourd'hui* n°156 de mars 2007, p.39-47

37 Daniel MOATTI, « L'orthographe et la lecture, outils de sélection sociale ? » *InterCDI* n°211, janvier/février 2008, p. 89-92
Bibliothèques, bibliothéconomie, systèmes et services d'information, mai 2008, Québec BBSI 2.0: bibliothèques, bibliothéconomie, systèmes et services d'information

des services spécialisés s'ouvrent dans toute la France. Sur ce plan, notre pays a pris un retard certain sur les États-Unis, l'Allemagne ou la Finlande. Je me souviens du dédain manifesté à ce propos par l'Inspecteur général, Guy Pouzard, lors d'une réunion des professeurs-documentalistes assemblés au CRDP de Nice. Ce dernier n'avait pas répondu à la mise en garde contenue dans un des mes ouvrages *L'informatique en toute liberté* paru en 1998[38]. Les médecins pédopsychiatres français se sont emparé à leur tour du sujet, et si Serge Tisseron[39] a tendance à minimiser les risques, le Docteur Carrère[40], en souligne toutes les conséquences :

- Fuite devant les rapports affectif,
- résultats scolaires en chute libre,
- obésité,
- activités Internet « chronophages ».

Le rapport du sénateur Assouline indique que les adolescents sont capables d'utiliser trois médias à la fois : le téléphone portable, l'ordinateur et la télévision. En fait, le temps passé devant ces nouveaux outils est énorme. D'après le ministère de la culture, les 15/21 ans passent respectivement 21 heures hebdomadaires devant les ordinateurs connectés à Internet et 16 heures devant les écrans télévisés[41]. Deux heures quotidiennes supplémentaires sont consacrées aux activités sur le téléphone portable. Face à une telle pression, le temps passé durant une année devant les nouveaux écrans, 1600 heures, dépasse de loin celui passé devant les professeurs, 1130 heures.

Le système scolaire perd non seulement son influence sur les jeunes, mais aussi sa capacité à transmettre ses valeurs à l'ensemble de la société. Ainsi le choix techniciste des représentants hiérarchiques des enseignants-documentalistes les empêchent de répondre au défi de la modernité. Quelques pistes de réflexions nous autorisent à proposer des réalisations concrètes permettant de donner un sens à l'aventure pédagogique des documentalistes.

---

[38] Daniel MOATTI, *L'informatique en toute liberté, histoire et éthique de l'information numérique*, éditions des Publications de la faculté des lettres de Nice, 1998, 161 p.

[39] Serge TISSERON, *Qui a peur des jeux vidéo ?,* collaboration d'Isabelle GRAVILLON, éditions Albin Michel, 2008, 161 p. ;

[40] Nancy CATTAN, « Drogués aux jeux vidéo, cyberaddiction, les jeunes sont de plus en plus nombreux à tomber dans le jeu virtuel » Santé-*Nice-matin*, dossier du 4 octobre 2009

[41] Olivier DONNAT, *Les pratiques culturelles des Français à l'ère numérique, Éléments de synthèse 1997-2008*, éditions du ministère de la Culture, octobre 2009

Pistes de réflexions et propositions concrètes sur le rôle du documentaliste

Très récemment, les sciences cognitives ont apporté quelques réponses argumentées au rêve technologique d'une amélioration de la pédagogie et des apprentissages par les élèves grâce aux outils numériques.

Thierry Baccino, professeur d'ergonomie cognitive à l'université de Nice Sophia Antipolis affirme que la lecture sur écrans transforme le processus de lecture lui-même, car la visualisation de documents induit un surcroît de fixation et de concentration ralentissant les capacités de lecture de 25% par rapport à la lecture sur papier imprimé. Le cerveau est beaucoup plus sollicité et voit de ce fait ses capacités cognitives saturées. Ce handicap est aggravé par la lecture en hypertexte qui distrait le lecteur et l'entraîne vers d'autres pages. Les messages sont brouillés et le texte est moins compréhensible, moins mémorisable que lorsqu'il apparaît en noir sur blanc sur papier. Le multimédia qui peut concilier, et c'est son avantage essentiel, l'image, le son et le texte fatigue le cerveau. L'ensemble, hypertexte et multimédia, freine à son tour les aptitudes mnésiques des individus confrontés aux écrans[42].

« *Devons-nous jeter l'eau du bain et le bébé avec ?* », comme le soutenait Dominique Wolton [43] Bien sûr que non. Il faut démythifier l'informatique connectée au Net pour en assurer une maîtrise raisonnée, comme l'affirme Jacques Baudé dans un très bel éditorial[44] de la revue électronique *Enseignement Public & Informatique.* Lorsque je posais la question suivante aux élèves : «Savez-vous ce qui se passe lorsque vous allumez votre ordinateur et que vous le connectez à Internet», sur les 170 élèves des six classes concernées, seuls trois d'entre eux étaient capables de dire que la connexion se faisait par l'intermédiaire du réseau téléphonique. Les notions de banques de données et de moteurs de recherche et les liens possibles entre les deux étaient complètement ignorés.

Ces indices prouvent bien que les élèves conçoivent les outils informatiques comme des lanternes magiques capables de répondre rapidement à tous les problèmes, car ils n'en connaissent pas le fonctionnement. Mettez-vous à leur place : pourquoi devoir chercher des renseignements et effectuer des synthèses puisque la réponse se trouve en deux clics sur Google et Wikipédia ? Pourquoi

---

42 Philippe TESTARD-VAILANT, Kheira BETTAYEB, « E-Book, Internet, Smartphone, la lecture change, nos cerveaux aussi », dossier in *Science & Vie*, n°1104 de septembre 2009, p 42-51.

43 Dominique WOLTON, Conférence du 25 mars 2002 in colloque « *Les Places et enjeux des revues pour la recherche en Infocom* », organisé les 25 et 26 mars 2002 à Nice.

44 Jacques BAUDE, « Vous avez dit maîtrise raisonnée des TIC ? » , revue *Enseignement Public et Informatique*, mai 2009, http://www.epi.asso.fr/revue/articles/a0905d.htm

se fatiguer, puisque la réponse obtenue, l'élève peut retourner à ses activités principales que sont les jeux vidéos, la gestion de son blog et l'échange de textos ?

Il faut redonner du sens à l'écriture et à la lecture par tous les moyens possibles. Le rôle de l'enseignant-documentaliste, spécialiste des Sciences de l'information et de la communication, est alors évident. Pour ma part je l'ai conjugué sous cinq axes :

- Une curiosité préservée par une approche originale de l'écriture.
- Un savoir structuré par l'utilisation des dictionnaires.
- La création d'une classification alphabétique.
- La politique de développement d'achat des livres documentaires.
- Interactions entre le documentaliste et l'Internet.

Une curiosité préservée par une approche originale de l'écriture

C'est pourquoi, j'ai mené, pendant huit ans, une expérience pédagogique qui lie l'image à l'écriture, et l'écriture à l'image, afin de conduire les élèves vers une meilleure compréhension de la lecture et de l'écriture. J'ai souvent été frappé par la curiosité des élèves, en particulier ceux des classes de sixième. M'inspirant des travaux qui ont conduit Konrad LORENZ[45] (prix Nobel 1973) à soutenir que les enfants doivent être éduqués, initiés à la beauté par les parents, les enseignants ou les éducateurs, afin de pouvoir l'apprécier à l'âge adulte. Je suis fermement convaincu que la beauté de l'écriture peut sensibiliser les élèves. À ce sujet, ma rencontre avec madame Viers, présidente de l'association Alphabets, a été déterminante. Comment faire admettre aux enfants que l'écriture est un miracle[46] ? Je fais prendre conscience de la fragilité de la transmission orale par le choix d'un court texte de deux phrases et 40 mots au maximum rédigé par un élève et transmis de bouche à oreille au sein de la classe. Le texte perd nombre de mots, le sens en est très souvent transformé. Cette vulnérabilité de l'oral leur fait prendre conscience de l'intérêt de l'écrit. Dès lors, la voie est balisée. En effet, l'écriture est reliée au langage et à l'image[47]. Cette approche implique un enseignement pragmatique de l'histoire de l'écriture, de l'image rupestre, à l'hypertexte en passant par la naissance et la constitution de l'alphabet.

L'écriture idéographique (cunéiformes sumériens, hiéroglyphes égyptiens), puis notre alphabet, sont directement issus de l'image. C'est ce lien que je fais découvrir aux élèves. Des dessins de la grotte de Lascaux à la transformation de

---

[45] Konrad LORENZ, Kurt MÜNDL, *Sauver l'espoir*, éditions Stock, 1988/1990, 231 p.

[46] Jérôme PEIGNOT, *De l'écriture à la typographie, éditions* NRF/Gallimard, 1967, 242 p.

[47] Nina CATACH, « L'empire des signes » in « Les systèmes d'écriture », in *Textes et Documents pour la Classe*, n°510 du 4 avril 1992

certains hiéroglyphes et cunéiformes en un système phonétique et alphabétique, l'écriture était en constante mutation. La transition de l'image dessinée vers l'écriture pictographique, puis idéographique et, enfin, vers des signes graphiques représentant des sons, permet à l'élève de mieux comprendre la simplicité de l'écriture alphabétique et l'importance de la naissance de la « lettre »[48].

Cette évolution nous permet d'exposer aux élèves que l'écriture est issue du calcul, lui-même né de la nécessité de la bonne administration des premiers États : Égypte, Sumer. Cette administration ayant pour charge de prélever l'impôt (en nature, des grains essentiellement) pour le répartir en cas de catastrophe (famines, inondation). De même, l'image permettait aux Anciens d'entreprendre des calculs complexes. Certes, l'œil d'Horus était un symbole religieux, mais il représentait aussi un système de fractions allant de 1/2 à 1/64. Les Sumériens ont inventé un système de calcul du temps et des degrés angulaires que nous utilisons de nos jours encore[49].

Des réalisations sur tablettes d'argile avec des calames (roseaux taillés) ou de courts travaux sur les hiéroglyphes sont proposés aux élèves qui y répondent avec enthousiasme.

J'agis dans un domaine reconnu par les élèves, puisque les collègues d'histoire abordent très rapidement ces sujets dans le cadre du programme de sixième. Cela n'empêche pas de continuer à développer le sujet pour montrer une imprimerie de cabinet, relativement légère et facile à installer dans un CDI, une machine à écrire et enfin un Minitel et les différents supports informatiques de l'écriture des énormes disquettes « Floppy », aux cédéroms, DVD et clefs USB.

L'objectif est de faire rêver les élèves pour procurer à l'imagination de l'enfant la force de surpasser la misère culturelle et conduire la conscience au savoir, à la curiosité et à autrui.

Le savoir structuré

Pour éviter les comportements irrationnels d'élèves utilisateurs de l'informatique, je propose un système de recherche universelle validée. Je constate qu'à une question posée, Internet répond par des milliers de pages qu'un élève ne peut sérier. Il croule sous la documentation et, puisqu'elle provient de « *la lanterne magique numérique* », il prend toute information

---

[48] Noah KRAMER, *L'histoire commence à Sumer*, préface de Jean BOTTERO, éditions Arthaud, 1986, 258 pages.
[49] Georges IFRAH, *L'histoire universelle des chiffres : l'intelligence des hommes racontée par les nombres et le calcul*, Robert Laffont, collection Bouquins, 2 volumes, 2000 p.

comme un document fiable. Le seul contrôle universel de l'information ne peut provenir que d'outils sérieux tels que les dictionnaires usuels. J'ai choisi d'initier les élèves de sixième au travail et à la recherche sur trois dictionnaires courants et d'un prix abordable, Le Robert des collèges, le Hachette illustré et le petit Larousse (voir le dernier chapitre – gestion) :

- Le Robert des collèges est un dictionnaire de la langue française où l'élève trouve, outre les définitions, l'étymologie, les synonymes et les antonymes des mots – les noms propres en sont exclus. Ce dictionnaire doit être essentiellement utilisé pour les exercices de français ;
- Le dictionnaire Hachette illustré est un dictionnaire encyclopédique, où le classement alphabétique mélange noms communs et noms propres, l'iconographie est très riche, un petit atlas est joint, de nombreux schémas scientifiques illustrent les définitions. Ce dictionnaire peut être utilisé pour connaître rapidement la définition et le genre d'un mot inconnu (par exemple : manichéen). Ce dictionnaire permet aussi de visualiser les liens entre les noms propres et les noms communs et adjectifs qui en sont issus comme par exemple : « Paris, parisien, parisianisme, Parisis, parigot ».
- Le petit Larousse comporte un dictionnaire de la langue française, et séparé par un court recueil de locutions, de proverbes et de mots historiques, un important dictionnaire des noms propres. Comme dans le Hachette, l'iconographie est dense. Les schémas scientifiques, les photographies alternent avec les cartes géographiques. Dans ce dictionnaire apparaît un classement des noms communs et autres mots de la langue française ainsi qu'un dictionnaire des noms propres. Ce dernier facilite les recherches directes sur les noms propres.

Aujourd'hui, je reprends cet enseignement au niveau universitaire en proposant à mes étudiants et doctorants une formation sur l'utilisation des dictionnaires et encyclopédies imprimés et en ligne.

La classification alphabétique

J'ai mis en œuvre un système documentaire par la création d'une classification documentaire alphabétique. Cette classification alphabétique est destinée aux Centres Documentaires (BCD) des écoles et aux Centres de Documentation et d'Information (CDI) des Collèges. Elle est disponible, consultable et téléchargeable gratuitement sur Internet[50].

Le concept d'une classification alphabétique à l'usage des écoliers et des collégiens correspond à l'aboutissement d'un long processus. En effet, durant

---

[50] Daniel MOATTI, *Classification alphabétique,* en collaboration avec Christine de MIERRY, Danièle STARACI - http://pagesperso-orange.fr/communication.moatti/Classification.htm

les années 1981/84, sur poste de documentaliste dans deux collèges de La Courneuve, j'avais utilisé une classification décimale, mise en œuvre par les Publications de l'École Moderne Française[51]. Les simplifications introduites par ce plan de classification, la priorité donnée à la culture de proximité (en histoire et géographie, la place accordée à la France) m'avait convaincu. Cependant, ce système est tombé en désuétude parce que la majorité des documentalistes des lycées et collèges s'est ralliée aux classifications Dewey ou CDU. Depuis, les responsables des bibliothèques et des centres documentaires des écoles ont suivi le même chemin en empruntant une classification décimale expurgée : la BCD. Vingt ans plus tard, l'exigence pédagogique m'incitait à ouvrir une voie nouvelle. C'est maintenant un fait accompli grâce au travail que j'ai mené au collège Pierre Bertone à Antibes, avec la collaboration de Christine de Mierry, licenciée en psychologie et de Danielle Staraci, docteur en histoire. Cette création devrait préserver le moteur essentiel d'un bon apprentissage : la curiosité de l'élève. Néanmoins, il me semble nécessaire d'apporter une précision fondamentale : la classification que je propose peut être aménagée en fonction des spécificités de l'établissement scolaire concerné puisque le prêt et les échanges d'ouvrages entre établissements ne nécessitent plus, grâce à l'informatique, une classification unique et invariable.

L'ordinateur et même Internet n'empêchent pas d'utiliser une classification alphabétique. Il n'y a ni opposition, ni incompatibilité. Rien ne s'oppose pédagogiquement et juridiquement à l'utilisation d'une classification autre que la Dewey ou la CDU. Aucun texte n'impose l'utilisation des classifications Dewey ou CDU dans les établissements scolaires. Les propositions, y compris la mise en œuvre d'une classification alphabétique, relèvent de l'autonomie pédagogique de l'Établissement Public Local d'Enseignement (loi de janvier 1985) et doivent être simplement soumises à l'approbation du conseil d'administration de l'établissement scolaire.

La Politique de développement d'achat des livres documentaires bien illustrés

Privilégier la recherche documentaire sur livres et revues était ma priorité. En effet, lorsqu'une recherche ne peut aboutir sur document imprimé, ou que ce dernier était trop sommaire par rapport à la demande, les élèves devaient utiliser l'Internet. À cet effet, j'avais développé une politique documentaire d'achat de dictionnaires, y compris de mathématiques, de livres documentaires s'appuyant sur une belle iconographie. C'est pourquoi, le fonds comprenait une

[51] PEMF, *Pour tout classer – Plan de classification décimale*, supplément n°468 à la *B.T.* n°949 et supplément n°469 à la *B.T.* n°951

cinquantaine de dictionnaires divers. Cette politique documentaire s'opérait dans le cadre d'une coopération fructueuse avec les enseignants. Le fonds documentaire comporte 1200 ouvrages. Les collections choisies se composaient de livres synthétiques accompagnés d'une importante iconographie. C'est ainsi que les élèves pouvaient joindre la connaissance au plaisir de la vue et s'apercevoir que souvent les informations fournies par ces livres de collection étaient nettement plus fiables et plus facilement accessibles que celles proposées sur Internet.

En complément, nous assurions avec mes collègues la duplication des documents présentés par les élèves. Ainsi, nous avons apprécié tout particulièrement la grande proximité de la reprographie (salle contiguë avec porte communicante). Ceci évitait les dégradations par découpage des illustrations et schémas.

Interactions entre le documentaliste et l'Internet

Les enseignants-documentalistes veulent s'emparer de la documentation via Internet au détriment de leurs collègues des disciplines. Deux faits devraient les retenir de commettre une telle erreur. Le premier, les enseignants, quelle que soit la matière enseignée, ont toujours fourni une bibliographie et une liste de documents à consulter. Le second, aujourd'hui, nos collègues sont formés à l'utilisation de la documentation informatisée et proposent à leurs élèves des listes de sites validés par la hiérarchie pédagogique. Pourquoi notre corporation se place-t-elle en situation de concurrence alors que la complémentarité devrait jouer ? Nous serions bien mieux acceptés si nous expliquions aux élèves ce qu'est une banque de données, un moteur de recherche, un modem. Comment le langage électronique en paquet du réseau téléphonique est traduit en langage binaire compréhensible par les ordinateurs par un modulateur-démodulateur ou modem. Mes cours sur l'écriture intégraient cette nécessaire dimension. Ils permettaient ainsi une aide conceptuelle effective à l'adolescent fasciné par les machines communicantes.

Ma pratique était très diversifiée, allant de l'aide individuelle aux élèves en difficulté avec un contrat engageant l'élève, le documentaliste, le Conseiller principal d'éducation et le professeur principal, à l'organisation de cours en classe de troisième de découverte professionnelle. Le schéma ci-dessous correspond bien à cette approche pragmatique et diversifiée d'un centre de documentation.

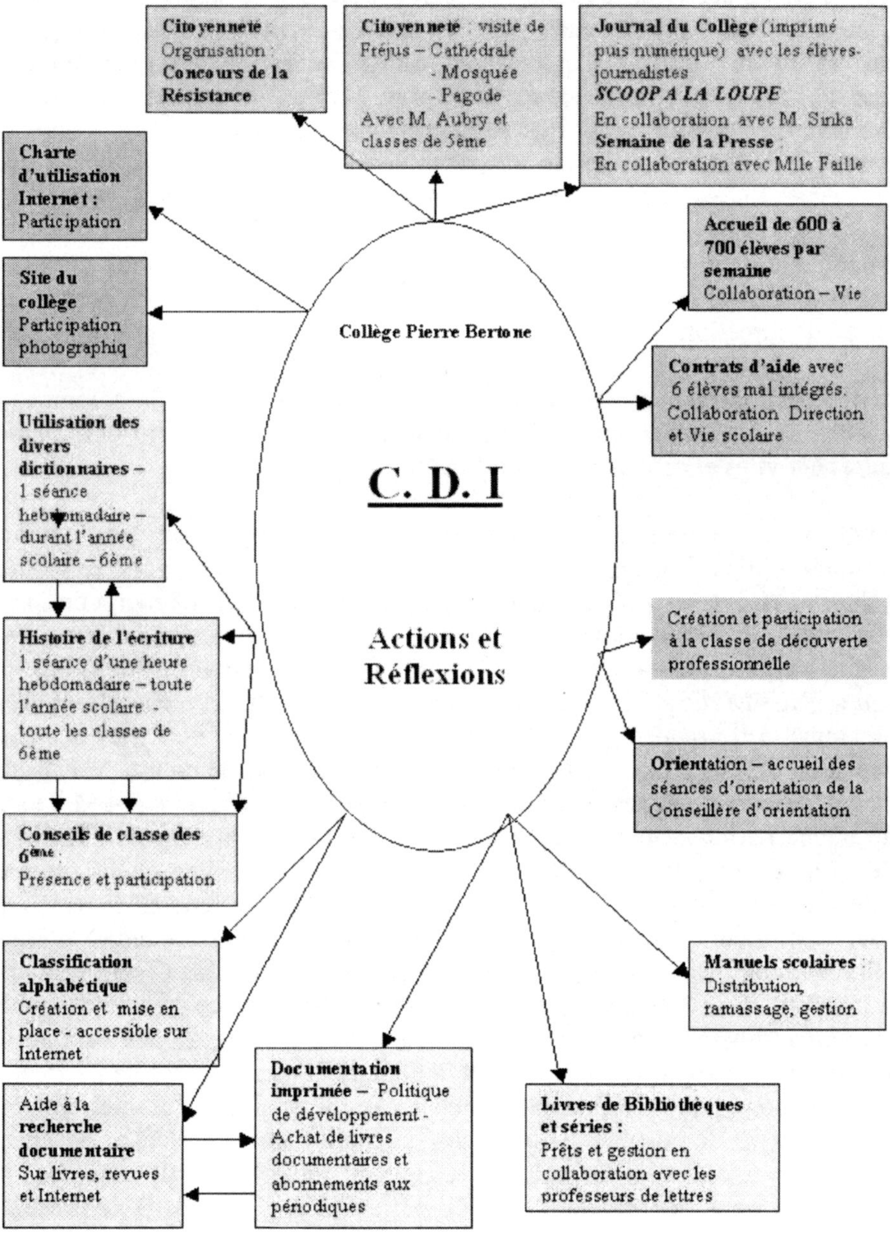

Schéma issu du rapport adressé à l'Inspection générale et à l'Inspection pédagogique régionale de l'académie de Nice en septembre 2006

Durant l'année scolaire, je prenais en charge, au CDI, chacune des classes de sixième une heure par semaine pour assurer ces activités. C'est pourquoi, je notais les travaux des élèves et leur précisais que cette évaluation entrait dans le calcul de la moyenne de chacun d'entre eux. En fait, je considérais le rôle du documentaliste comme celui d'un passeur de culture[52]. Dès lors, ne voulant pas décourager l'élève, je proposais très rarement une évaluation sous la moyenne et, en ce cas, l'élève gardait toujours la possibilité de se rattraper.

Ma participation aux réunions parents/professeurs et aux conseils des classes de sixième semblait naturelle aux autres enseignants, aux élèves, aux parents et à l'équipe de direction.

L'image de l'enseignant-documentaliste, dans l'esprit de toute la communauté éducative et chez les parents d'élèves, était celle d'un enseignant qui organise d'autres activités et diffuse un savoir bien utile.

Néanmoins, cette construction pragmatique qui s'appuyait sur mes avancées théoriques, n'a pas obtenu de soutien de la part de l'Inspection générale comme des divers Inspecteurs pédagogiques régionaux. J'ai quitté sans regret un métier où la parole des exécutants que sont les enseignants-documentalistes était interdite ou filtrée lorsqu'elle ne correspondait pas aux attentes institutionnelles. Jusqu'à l'IUFM de Nice où mon travail sur l'écriture a été réduit à un programme informatisé devant être présenté devant des élèves. Cette proposition réduite à une dimension numérique a été rejetée comme irréalisable par deux enseignants-chercheurs anonymes choisis dans d'autres IUFM. Durant cette même période, au sein du département de documentation de l'IUFM de Nice, j'étais cantonné dans le rôle technique de spécialiste de la propriété intellectuelle et je donnais neuf heures annuelles de cours. Pendant ce temps, les élèves réalisaient des phrases en idéogrammes sur des tablettes d'argile, touchaient des papyrus et des parchemins. Ils apprenaient comment une consultation sur le Net impliquait une correspondance électronique importante entre leur ordinateur personnel, des moteurs de recherche et des banques de données. Si des parents d'élèves m'ont félicité, si des journalistes de *Nice-matin* ont rendu compte du travail pédagogique accompli, si certains de mes étudiants se souviennent, aujourd'hui encore, des méthodes utilisées lorsqu'ils étaient mes élèves dix ans plus tôt, je n'ai reçu qu'en fin de carrière des encouragements privés de Jean-Louis Durpaire et d'une IPR, madame Huttin.

Le dialogue n'a pu s'engager publiquement avec l'institution scolaire qu'à partir du moment où le laboratoire d'Anthropologie et de Sociologie Identité, Mémoire et Cognition sociale de l'Université de Nice Sophia Antipolis m'a

[52] Institut coopératif de l'école moderne, pédagogie Freinet, sur le site http://www.freinet.org

accueilli en octobre 2007. Certes, ma praxis est, pour l'instant, perdue au niveau des collèges car j'ai été mis dans l'impossibilité de transmettre ces savoirs et méthodes. Cependant, la soutenance de l'habilitation à diriger des recherches, qui permet à un universitaire d'encadrer des doctorants, devant un jury international en décembre 2009 et la publication de mes deux prochains livres, permettra, je le souhaite vivement, de renforcer cette ébauche d'échange pour déboucher peut-être sur une vision et une approche moins technicistes du rôle des documentalistes et rendre à ces derniers une liberté pédagogique bien nécessaire tant aux élèves qu'au système scolaire lui-même.

Utiliser les cartes heuristiques au CDI

SC
Professeure-documentaliste
Collège Jean Jaurès (Castres)

La méthode de la carte heuristique, appelée aussi carte mentale ou carte conceptuelle, a été théorisée par Tony Buzan, psychologue anglais, dans les années soixante-dix. L'adjectif heuristique vient du grec *heuriskein*, signifiant « qui sert à trouver ». La méthode, appliquée à la pédagogie, consiste à amener les élèves à construire du savoir en leur faisant dresser une carte qui ait du sens par le jeu des couleurs, de la hiérarchisation, du fléchage.

Voici un essai de catégorisation des utilisations de la méthode de la carte heuristique en information-documentation . Je propose quelques expériences concrètes en guise d'illustration, expériences que j'ai menées, toujours en collaboration avec un enseignant de discipline.

1. Interroger le sujet

La carte sert à se poser des questions par rapport à un sujet de recherche, l'idée étant de savoir ce qu'on nous demande de chercher avant de se lancer (souci récurrent du professeur-documentaliste !). Ce mode d'interrogation, au collège, peut comprendre plusieurs phases :

- une phase de *brainstorming* collectif durant laquelle les élèves font, par groupes de deux ou trois, des propositions d'informations à trouver, sans classement ;
- une phase de mise en commun au tableau avec des essais de regroupements ;
- l'établissement d'une carte collective validée par l'enseignant ;
- une phase de travail individuel de remise au propre du schéma heuristique avec appropriation par le jeu des couleurs et des illustrations.

Les avantages de ce travail sont nombreux.
Tout d'abord, l'aspect ludique de l'exercice fait que cette phase d'interrogation qui paraît habituellement fastidieuse aux élèves devient agréable pour eux.
La carte permet aussi de construire des notions disciplinaires. Par exemple, la construction en cours de français, en quatrième, d'une carte intitulée « Les informations à relever pour réaliser une biographie » permet de retenir durablement ce qui est attendu de ce type de travail mais aussi d'appréhender l'importance de notions telles que celle de courant littéraire, d'écrivain contemporain, de contexte historique. Une carte en cours de géographie en cinquième, réalisée pour présenter un pays d'Asie, permet aux élèves, lors de la

phase de regroupement des idées, d'interroger les notions de géographie humaine et de géographie physique.
L'organisation collective des idées permet d'appréhender l'aspect disciplinaire et sociétal de l'organisation du savoir.
La phase de personnalisation par le jeu des illustrations et des couleurs n'est pas moins importante. Son objectif est d'aider l'élève à retenir un schéma qui, même adapté, lui sera longtemps utile dans son cursus scolaire.

Voici un exemple également disponible sur http://docs.google.com/Doc?id=dg64trnv_76ds9b38d

Les informations à relever pour rédiger une biographie

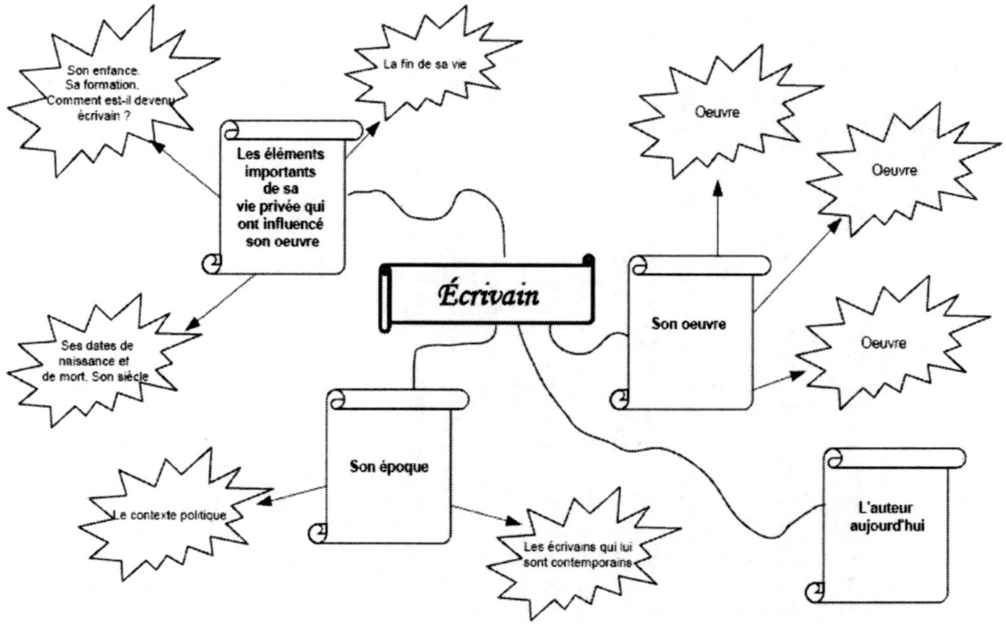

2. Prendre des notes

La construction heuristique, privilégiant le schéma à la rédaction, présente l'avantage de réduire l'expression à sa forme la plus simplifiée, qu'il s'agisse d'un simple mot ou d'une phrase nominale. Voilà qui pourrait déplaire à certains enseignants adeptes de l'expression écrite. Ce serait une erreur car, justement, le passage obligé par la carte empêche le simple recopiage. Si la carte est prise comme une simple étape avant le travail rendu et que la production demandée est écrite, alors le travail de reformulation est réel : les phrases lues ayant été déstructurées, on est obligé, n'ayant plus que la carte sous les yeux, de reconstruire un texte en s'appropriant les informations.

3. Exposer des informations

L'exposition du savoir sous forme de carte ne fait pas l'unanimité : certaines personnes ont des difficultés avec les représentations schématiques. Mais d'autres (parmi les adultes comme parmi les élèves) ont des difficultés à se repérer dans des présentations purement linguistiques. Voilà pourquoi, doubler les présentations assure une compréhension du plus large auditoire.
Quel travail de recherche peut avoir pour production finale une carte heuristique ? Un exemple : en arts plastiques, des élèves de troisième doivent présenter l'œuvre d'un photographe par groupe de trois élèves. Le schéma-type de la carte est élaboré en classe entière, puis les sujets sont distribués et les élèves doivent rendre une production plastique ayant pour contrainte d'utiliser la présentation heuristique préalablement fixée ainsi qu'un format type A3. Le tout fera l'objet d'une exposition sur les photographes les plus célèbres du XXe siècle. La carte d'un groupe de travail est donc l'élément d'un tout plus grand auquel elle est reliée par une exigence de forme. Elle joue aussi un rôle important de communication tout en étant un objet plastique agréable à regarder.

4. La carte comme support à l'expression orale

Combien d'élèves, lors d'un exposé oral, se retrouvent confrontés à la difficulté de présenter leur travail sans lire leurs notes mot à mot ? Quelle difficulté de leur demander dans un premier temps de rédiger un travail pour, par la suite, surtout ne pas le lire… La présentation sous forme de carte peut être une solution facilitante. La carte doit être très soignée pour être lisible et l'oral nécessite bien entendu d'être travaillé. Mais avec ce type de support, quand il est maîtrisé, la parole des élèves est plus libre. La carte servant de support peut être projetée durant le temps de l'exposé, ce qui permet à l'auditoire de suivre facilement le développement. Mêlant narration orale et exposition schématique, l'exposé a plus de chances d'être convaincant et les élèves qui le présentent en ont conscience, ce qui leur facilite encore la tâche. Un exemple qui fonctionne bien : la carte qui présente un projet, ses tenants, aboutissants, modalités et bilan. Des élèves de cinquième, qui avaient construit ce type de carte après une longue séquence de recherche en géographie, se sont montrés très à l'aise pour présenter leur travail à un public d'adultes.

5. Prendre du recul

J'utilise parfois la carte heuristique comme un temps de décrochage dans une séquence de recherche un peu longue pour permettre aux élèves de prendre conscience des procédures qu'ils ont engagées en parlant de ces procédures et en les classant. L'exemple type est la carte présentant les différents outils utilisés lors de la recherche du moment (documents papier ou numériques, documents primaires ou secondaires…). Cette carte fait l'objet d'une séance et n'est pas retravaillée individuellement. Elle permet une pause, une fixation sur la démarche de façon à la rendre transférable à une prochaine recherche.
Ce travail peut connaître diverses déclinaisons, de la carte entièrement construite en classe, à la carte « à trous » que les élèves doivent remplir.

6. Faire un bilan

Cette utilisation de la carte heuristique ressemble à celle du point précédent, mais est plus complète. Elle reprend l'ensemble de ce qui a été appris et réalisé durant la séquence : connaissances disciplinaires, documentaires, méthodologiques, cadre de travail, production. C'est une carte qui doit être réalisée en petit groupe de façon à ce que les élèves soient tous très impliqués dans sa réalisation et que chacun fasse son propre bilan. Les élèves aiment la réaliser car ils adorent prendre conscience de ce qu'ils ont appris. Mais c'est un travail difficile car il nécessite de différencier les savoirs englobant des détails informationnels. Ce genre de carte me permet d'évaluer l'implication ainsi que les principaux savoirs retenus par le groupe.

Autre exemple, également disponible sur http://docs.google.com/present/view?id=dg64trnv_248f56krmf7

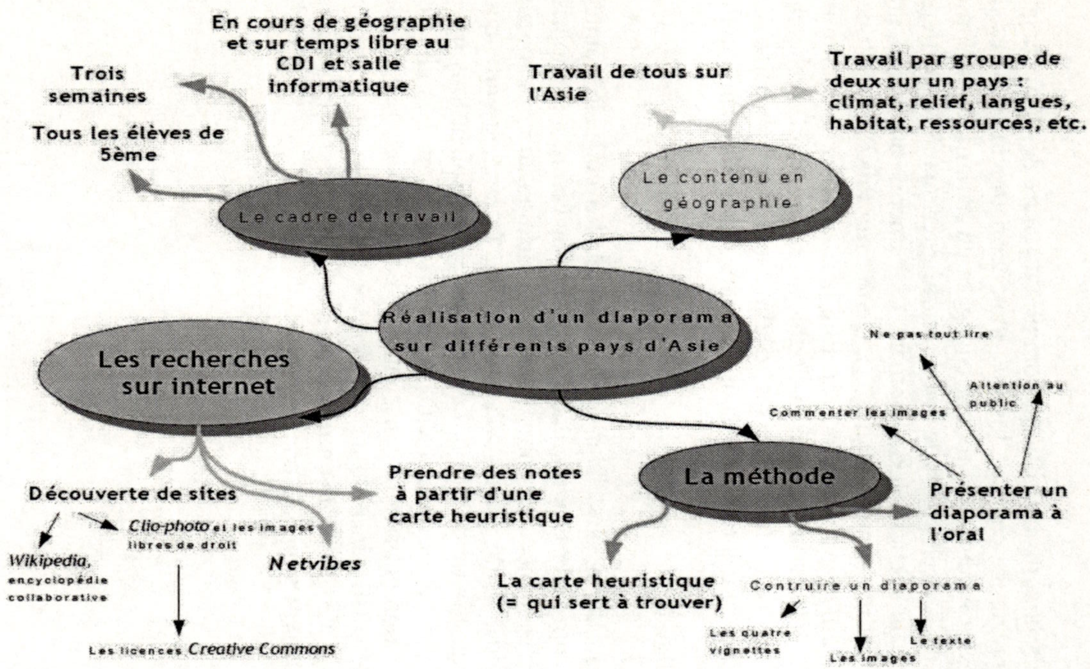

7. Evaluer les connaissances

Voilà une utilisation de la carte que je pratique rarement, mais qui peut être une façon plus ludique d'aborder l'évaluation sommative tout en ayant l'avantage de présenter un bilan de façon organisée aux élèves. Un exemple ? Une carte « à trous » présentant les outils utilisés lors d'une recherche sur Internet et demandant aux élèves de les qualifier (document primaire, document secondaire, navigateur, moteur de recherche, etc.).

8. Conclusion

J'ai tenté par cette catégorisation et quelques exemples de montrer à quel point la méthode de la carte heuristique peut être vraiment propre à faciliter la construction de connaissances dans une démarche de recherche d'information. Par sa facilité de mise en œuvre et les possibilités qu'il offre, je considère l'outil heuristique comme un outil un peu magique dont je découvre petit à petit les pouvoirs. J'ai souvenir d'un reportage de France 3 sur le système scolaire finlandais présentant de jeunes élèves capables de prendre en notes une vidéo en dessinant une carte. Vision presque féerique de ces enfants penchés sur leur feuille qui se noircit alors qu'on voit, par les fenêtres, la neige tomber à gros flocons... Une image d'idéal qui, sans que j'en ai toujours conscience, me guide certainement à chaque fois que j'explique à de nouveaux élèves ce qu'est une carte heuristique !

Deux liens internet à consulter pour approfondir le sujet :
Blog de Marie, professeur de Lettres classiques et veilleuse en cartes heuristiques
http://lewebpedagogique.com/litterae/
Analyse conceptuelle de Claire Egalon, professeure-documentaliste, sur Cactus acide
http://www.culturedel.info/cactusacide/?p=1989

CDI et orientation
Les stages de fin de troisième et de DP

Philippe Marhic[53]
Professeur-documentaliste
Collège Mozart (Paris)

L'option DP (découverte professionnelle) est désormais présente dans de nombreux établissements, qu'il s'agisse de l'option sur 3 heures hebdomadaires (DP3) ou sur 6 heures hebdomadaires (DP6). Dans tous les cas, elle donne lieu à des stage(s) en entreprise, ainsi que le font tous les élèves de 3ème depuis déjà plusieurs années.

Certes, la problématique diffère selon le type d'établissement et le contexte socioculturel du quartier dans lequel il est implanté. Toutefois, l'expérience a montré que de nombreux élèves étaient désemparés face à ce type de stage auquel ils ne sont pas préparés, ni matériellement ni psychologiquement. En effet, leurs représentations du monde du travail sont très idéalisées, voire fantasmées, et éloignées de la réalité de terrain. Surtout dans les quartiers défavorisés. Nombreux sont ceux qui s'imaginent qu'il est aisé de trouver du travail, qu'il leur suffit de se présenter dans une entreprise au dernier moment pour qu'on les embauche. Bref, que les entreprises n'attendent qu'eux pour fonctionner. Ils ne voient donc pas la nécessité de préparer leur stage et leur déception est immense lorsqu'ils entendent l'interlocuteur contacté par téléphone en vue d'une candidature spontanée les débouter de leur demande.
On peut ainsi assister à des scènes ubuesques en laissant les élèves utiliser le téléphone du CDI pour contacter une entreprise. Exemple d'entretien téléphonique : « Allô ? T'aurais pas du travail pour moi ? Hein, quoi ? Mais il m'a raccroché au nez ! J'y crois pas. ». Mais si mon garçon, il faut y croire. D'abord on commence par se présenter lorsque l'interlocuteur décroche. Ensuite, on ne parle pas sur ce ton à un employeur potentiel ; un peu de politesse et de respect ne font pas de mal. Enfin, on lui explique clairement la situation. Allez, on s'entraîne un peu et on retente. As-tu préparé quelques notes pour mener ton entretien à bien ? Non ? Et si on commençait par là ?

Hélas, le problème ne se limite pas à ça. Faute de trouver une entreprise d'accueil dans « le » domaine qui les intéresse, nombreux sont ceux qui renoncent à faire un stage ou abandonnent leur idée initiale, quitte à accepter,

---

[53] Professeur-documentaliste, enseignant à l'Université Paris 12 Val-de-Marne, Président de l'association Horizon Sémiologie, auteur de *L'enseignement individuel, une alternative à l'échec scolaire*, Paris, L'Harmattan, 2009, 292 p.

par défaut, un stage dans une entreprise où ils vont s'ennuyer une semaine. N'oublions pas que ce sont des adolescents, donc égocentriques et entiers par définition. Désillusion garantie et profit nul : ils n'auront rien appris et garderont du monde du travail une image des plus désastreuse. Pour peu que cette image ait déjà été négative auparavant, on imagine l'étendue des dégâts. Sans oublier ceux qui découvrent, en franchissant le seuil de leur entreprise d'accueil, que le stage qu'ils effectuent ne correspond absolument pas à ce qu'ils attendaient ou que l'entreprise ne fait pas ce qu'ils croyaient y trouver. Quand ils ne se sont tout simplement pas trompés sur le nom de l'entreprise ou l'intitulé de la profession concernée ; joies du vocabulaire non maîtrisé. C'est là que le coin « orientation » du CDI a tout son rôle à jouer. Et également le professeur- documentaliste dans son rôle d'aide et de conseil pédagogique. Nous y reviendrons plus loin.

Avec cette double désillusion, méconnaissance des métiers et méconnaissance des relations sociales dans les milieux du travail, viennent celles liées à l'écrit. La rédaction du CV (« c'est quoi ça ? ») et de la lettre de motivation (« la quoi ? ») souvent demandés par les employeurs potentiels laissent les élèves bras ballants. Et ne parlons pas du rapport de stage bâclé en 5 lignes sans ponctuation avec 42 fautes d'orthographe sur une page de cahier déchirée, mais que beaucoup d'entre eux considèrent comme une prouesse méritant le prix Goncourt. « Comment ? Il fallait prendre des notes durant le stage ? Mais j'savais pas ! ». Que d'innocence. Ou que de manque de préparation.

N'oublions pas, également, les embûches liées à l'incompréhension de la posture de stagiaire. Il ne doit être ni simple touriste, ni esclave de l'entreprise qui l'accueille. Mais au fait, quelqu'un le leur a-t-il expliqué ? En fait, leur position est presque ethnologique : ils sont observateurs participants. Comment leur expliquer ça ? Comment leur faire comprendre les règles sociales exotiques appelées « culture d'entreprise », « observation participative », voire « participation mesurée » ? En commençant par leur faire palper ce qu'on appelle la culture sociétale, les règles de vie en société (hors milieu scolaire il va sans dire), le civisme et la politesse de base. Là encore, selon les quartiers, ce n'est pas toujours gagné. Et ce pour des raisons variées, soit parce que leur vécu ne leur a pas permis de développer la notion de « valeur du travail », voire parfois de « valeur de l'effort », soit parce que papa et maman, dans leur frénésie de *cocooning*, leur mâchent tellement le travail qu'une semaine de travail dans l'entreprise familiale s'apparentera à une semaine de vacances.

Vous l'avez compris, un stage se prépare. Il ne suffit pas de dire aux élèves : « Bon, vous avez un stage cette année, alors trouvez une entreprise qui vous convient pour dans deux mois ». Vous risqueriez alors d'entendre des propos du style : « C'est bon, j'ai un copain qu'a un père patron. Mon stage est tout

trouvé. » (fin des recherches jusqu'à la veille du stage… qui n'aura pas lieu). Ou encore : « Mon cousin est gendarme. Il me pistonnera. » (même cause, même effet).
Pour ne pas les voir mis à la porte au bout de 24 heures pour des raisons diverses et variées (utilisation du téléphone de l'employeur pour parler durant une heure et demie avec un copain qui habite à l'autre bout du monde, « coup de boule » au patron qui leur a « manqué de respect » en leur faisant remarquer avec humeur que la pause déjeuner ne dure pas trois heures, arrivée avec une heure de retard et départ une heure en avance… autant d'exemples authentiques hélas !), un certain nombre de tables rondes s'impose donc. De préférence en petits groupes (1/2 classe tout au plus), pour confronter les représentations, expliquer, préparer, former, effectuer des retours après chaque étape de préparation et de réalisation du stage, puis confronter les expériences.

Je vous propose donc une séquence de préparation au stage en 7 séances + 1, :

1/ Trouver un stage
2/ Guide du contact téléphonique
3/ Le CV
4/ La lettre de motivation
5/ Guide de l'entretien
- Retours d'entretiens (séance surnuméraire)
6/ Le comportement en stage
7/ Rédiger le rapport

À une exception près (la séance surnuméraire), une « fiche mémo », correspondant à chacun des intitulés ci-dessus, leur sera remise en fin de séance. Vous les trouverez dans l'ordre des séances en fin de document (en imprimant la jaquette sur le recto et le contenu sur le verso puis en pliant en deux le feuillet ainsi obtenu, vous aurez en main un petit livret format A5).
Chaque séance commence par un tour de table sur l'intitulé : Qu'est-ce qu'il signifie ? De quoi s'agit-il ? Comment le mener à bien ?

<u>Première séance</u> : Trouver un stage
Leur faire cerner leurs centres d'intérêt, mais également leurs compétences. Leur faire expliciter leurs motivations et les mettre en corrélation avec le secteur d'activité recherché. Leur faire remarquer les incompatibilités et incohérences dans leurs propos et représentations.
Les faire parler des secteurs d'activités présents dans le quartier et les engager à en faire le tour, après les cours, dans une position d'observateur actif pour déceler les entreprises qu'ils n'avaient pas remarquées.
À l'aide d'annuaires ou des sites Internet des pages jaunes et de la RATP, leur faire rechercher les entreprises correspondant à leurs souhaits et le moyen d'y

accéder à partir d'un plan du quartier. Puis les faire aller sur le site Internet de l'entreprise, lorsqu'elle en a un, afin de repérer le maximum d'informations permettant de s'assurer qu'elle effectue bien les tâches qu'ils souhaitent observer. Faire noter les informations clés afin d'avoir une connaissance minimale de l'entreprise et de son secteur d'activité, mais également les informations manquantes afin de les demander lors de l'entretien.
L'intérêt de ces pratiques est multiple : utilisation d'Internet (dans le cadre du B2i), réflexion (questionnement), prise de notes...

Deuxième séance : Guide du contact téléphonique
Leur faire expliciter le comportement à avoir au téléphone. Ne pas hésiter à avoir recours à des jeux de rôle où l'enseignant ou un camarade jouent le rôle de l'employeur potentiel à l'autre bout du fil tandis que chaque élève, à tour de rôle, essaie de présenter sa situation et d'obtenir un entretien. Après chaque « simulation », les observateurs commentent ce qui, selon eux, convenait ou non.
Préparer quelques brèves notes écrites sur un pense-bête à avoir devant soi lors de l'appel téléphonique afin de ne rien oublier de dire (qui on est, quel est l'objet précis de l'appel, ce qu'on demande ou attend...) et, le cas échéant, prendre quelques notes utiles lors de l'entretien, ne serait-ce que les nom et numéro de téléphone des bons interlocuteurs, la date et l'heure fixées pour le rendez-vous ainsi que l'adresse du lieu de l'entretien.

Troisième séance : Le CV
À préparer ensemble, cela va sans dire, après leur avoir préalablement expliqué ce qu'est un CV. À mettre au propre avec un logiciel de traitement de texte. Ce qui ne peut qu'être un plus pour le B2i là aussi.

Quatrième séance : La lettre de motivation
Même procédure que lors de la séance précédente (le CV), après leur avoir préalablement expliqué ce qu'est une lettre de motivation, à quoi elle sert, ce que l'employeur va y lire entre les lignes (lisibilité, soin...), le type d'informations qui doivent y figurer afin qu'elle ne soit pas redondante avec le CV ainsi que son format et sa structure.
Leur faire recopier de manière manuscrite et lisible après correction.

Cinquième séance : Guide de l'entretien
Même procédure que pour la deuxième séance (le contact téléphonique). Si notes il y a, elles ne devront pas être montrées à l'employeur, mais relues avant de se présenter devant lui.
Pendant les jeux de rôle, les tâches des observateurs seront dissociées : un groupe d'élèves ne s'attachera à observer que l'attitude et les comportements du camarade en position d'entretien (manière d'entrer dans la salle après avoir

frappé, démarche, position sur la chaise, sourire, jeux de regard, tics nerveux…) ; un autre groupe, le contenu de ses propos (présentation, politesse, pertinence de ses questions et de ses réponses aux questions qu'on lui pose…) ; un troisième, le rythme, le débit et le niveau de sa voix (rapide, fort, lent, saccadé, monotone…), sans considération pour le contenu (ces deux derniers groupes pourront même, le cas échéant, tourner le dos à leur camarade afin de se concentrer sur leur tâche sans se laisser distraire par un dimension visuelle).
Ils devront, ensuite, commenter ce qu'ils ont remarqué ou éprouvé durant l'entretien, ce qui les a gêné ou choqué… lors de la mise en commun afin d'aider leur camarade à rectifier sa posture.

Séance surnuméraire : Retours d'entretiens
… pour ceux qui en ont eu un, qu'il se soit soldé par un succès ou un échec.
« C'est parce qu'il est raciste qu'il m'a pas embauché ! ». Cri du cœur de l'élève qui vient d'être interrogé sur le résultat de ses démarches. Pour proférer cette vérité absolue, du moins pour lui, tout en mâchouillant son chewing-gum, il s'est vautré sur sa chaise, un pied (dont la chaussure n'a jamais connu l'éponge, et encore moins le cirage) sur la chaise voisine, et écoute distraitement son MP3 dont un des écouteurs est encore fixé à son oreille tandis que l'appareil dépasse de la poche de son jean troué. Or, il s'avère que le copain qui nous a relaté son entretien juste avant est de même nationalité et a été recruté sans souci.
Séance de comparaison : regarde comment tu te tiens et regarde comment se tient ton camarade ; que remarques-tu ? Jeux des sept différences : regarde ses vêtements puis les tiens. Jeu des sept erreurs : où sont son chewing-gum, son MP3… ? « C'est que pour ça qu'il m'a pas embauché ? ». Ça se pourrait bien.
À vous d'adapter la séance selon la situation : Comment ça s'est passé ? Quel est votre ressenti ? Qu'a dit l'employeur ? Qu'avez-vous éprouvé ? À votre avis pourquoi a-t-il accepté votre candidature ? Est-ce un succès ou un échec pour vous ? Pourquoi ?…

Sixième séance : Le comportement en stage
En prenant appui sur la séance précédente, on essaie de définir ce qu'un patron attend de son personnel, CDI, CDD ou stagiaire. On essaie d'établir le rôle d'une entreprise, la place de chacun en son sein, les attentes en matière de comportement, de travail, de relation entre les collègues et d'ambiance générale, les attentes des clients, l'image que l'entreprise veut donner d'elle… bref, la culture d'entreprise.
Puis on réfléchit à l'activité des élèves durant leur stage : Quelle part est dévolue à l'observation et quelle part est dévolue à la participation ? Comment rendre une participation enrichissante par l'expérience, tant pour soi, en terme de valorisation personnelle, qu'en terme d'expérimentation afin de réaliser le

meilleur rapport de stage possible, c'est-à-dire le plus complet et explicite qui soit.

Septième séance : Rédiger le rapport
Dans la foulée de la séance précédente (le comportement en stage), on essaie de lister tout ce qui peut être observable et intéressant pour se faire l'idée la plus complète possible de la profession testée. L'idéal serait de disposer de, ou d'élaborer en commun, une maquette de rapport : lieu du stage (localisation dans le quartier, plan des locaux et données afférentes : surface…) ; l'organigramme de l'entreprise ; son statut ; ses objectifs ; ses moyens humains et matériels (quantitatifs et qualitatifs) ; son *modus operandi* ; la description de l'ensemble des tâches observables ; son bilan…

Cette séquence relève évidemment d'un travail de longue haleine qui se prépare dès la rentrée, trois ou quatre mois avant le début du stage à raison d'une séance d'une heure toutes les deux semaines pour chaque demi groupe d'une même classe : les 3ème1 le lundi (groupe A en semaine A, groupe B en semaine B), les 3ème2 le mardi… Infaisable sans concertation avec l'équipe et sans l'accord de l'administration pour trouver un créneau dans l'emploi du temps.

Reste à assurer le retour de stage : préparation du brouillon et rédaction du rapport, soutenance dudit rapport, diffusion de l'expérience acquise… sous forme d'affichage de panneaux ou auprès des camarades de 4ème sous forme d'exposé, oral ou écrit, ou de débat questions/ réponses par exemple. En effet, expliquer ce qu'on a fait, c'est travailler à prendre du recul et à devenir « expert » dans un domaine en réfléchissant et en se remettant en cause à chaque fois qu'un camarade pose une question ou soulève un problème auquel on n'avait pas pensé.

Sur les plaquettes suivantes, la page située à gauche de la page de titre correspond à la page 4 du folio une fois celui-ci imprimé recto verso et plié selon le modèle :

p.4	p.1 (page de titre)

p.2	p.3

- quand ? (l'été, pendant les congés scolaires…)
- comment ? (artisanalement, industriellement…)
- pourquoi ? (à des fins commerciales, humanitaires, technologiques, de recherche…)…

- Son personnel : nom du dirigeant, éventuellement des responsables par secteur d'activité (DRH…)
- Les types d'emplois : manutentionnaire, réceptionniste, gardien, …
- Quelques chiffres : nombre d'employés, quantité de produits, chiffre d'affaires
- Son mode de fonctionnement : horaires…

2/ <u>Informations à demander lors des entretiens</u> :

- Les possibilités offertes lors du stage : me laissera-t-on observer ? participer ? à quoi ?
- Quels seront mes horaires, mes responsabilités, obligations, sous les ordres de qui… ?
- Quelles formalités dois-je accomplir : documents à fournir, convention de stage avec l'établissement scolaire… ?
- Quand commencerai-je ?

La recherche de stage

1

Chercher un stage :

Trouver un stage

Document élaboré par M. P. Marhic - 2010

A/ La réflexion préalable

Avant de vous lancer dans une recherche de stage, assurez-vous que l'endroit où vous allez passer une semaine ou plus vous plaira, que vous ne vous y ennuierez pas.

1/ Vos centres d'intérêt et compétences :

Demandez-vous :
- Qu'est-ce qui m'intéresse ?: la réflexion, le travail manuel, les déplacements, le travail à l'extérieur… ?
- Qu'est-ce que j'aime faire ? : quelle activité extrascolaire ai-je quelques fois pratiquée et qui me plaît (bricoler avec un parent, aider un commerçant, garder des enfants…) ?
- Qu'est-ce que je n'aime pas faire ?
- Qu'est-ce que je sais faire ? A quoi suis-je habile ? : sais-je me servir de mes mains, de ma tête, faire un plan, compter de tête…
- Qu'est-ce que je ne sais pas faire ?
- Qu'est-ce que j'ai déjà fait ?
- Que voudrais-je faire plus tard ?

2/ Les entreprises disponibles sur le marché :

- Quel type d'entreprise fait ce que j'aime ?
- Y en a-t-il près de chez moi ?
- À défaut, existe-t-il des entreprises qui travaillent dans des domaines proches ?

3/ Où trouver une annonce :

- Dans les journaux : petites annonces, publicités.
- Par prospection : faites le tour du quartier en repérant les entreprises.
- Par Internet : annuaires, pages jaunes…
- Par relation : camarades ayants déjà effectué un stage.
- (Eventuellement dans une agence d'intérim).

B/ S'informer sur l'entreprise

1/ Informations que l'on peut trouver seul :

- Ses coordonnées : localisation du siège, des ateliers…
- Son activité :
  - qu'y fait-on (production, vente, prestation…)
  - où ? (France, étranger…)

- Dans le cadre de ma formation…
- Puis-je parler au responsable du personnel s'il vous plait ?

3/ Expliquer la choix de l'entreprise :

- Je m'intéresse à….
- Votre entreprise travaille dans le secteur de …
- J'espère apprendre…
- Je pense pouvoir vous apporter mon savoir/ expérience.

4/ Fixer un rendez-vous :

- Proposer un rendez-vous pour présenter sa candidature et expliquer ses motivations.
- Préciser la date.
- Préciser le lieu.
- Préciser le nom de l'interlocuteur.

5/ Terminer la communication :

- Remercier et souhaiter une bonne journée.
- Au revoir Madame / Monsieur.

La recherche de stage

2

Chercher un stage :

Guide du contact téléphonique

Document élaboré par M. P. Marhic - 2010

A/ Préparer l'entretien

1/ Fiche « entreprise » :

À partir de la recherche de stage, préparer une fiche technique de 5 à 15 lignes comportant :

- Coordonnées de l'entreprise.
- Si possible nom d'un contact.
- Activité de l'entreprise et ses différents services.
- L'endroit où vous avez trouvé des informations sur l'entreprise (publicité, page Web, relation…).
- Référence de l'annonce le cas échéant.
- Motif de votre intérêt pour cette entreprise : pourquoi cette entreprise et pas une autre ?

2/ Fiche « téléphone » :

Préparer une fiche permettant de présenter votre demande.
Penser aux points suivants :

- Toujours rester poli.
- Rester calme.
- Se présenter.
- Expliquer clairement la situation.

3/ Se préparer mentalement :

- S'installer confortablement (assis de préférence).
- Se tenir correctement, comme si on était en présence de l'interlocuteur (il le sentira à votre ton).
- Se détendre.
- Respirer.
- Composer le numéro.

B/ Réaliser l'entretien

Il y a de fortes chances que vous soyez accueilli par un standard. On vous passera ensuite un autre poste : restez calme et poli et présentez-vous à nouveau auprès de chaque interlocuteur.

1/ Se présenter :

- Bonjour Madame / Monsieur
- Je m'appelle……..
- Je suis……. (élève au collège…..)

2/ Préciser l'objet de l'appel :

- Je dois effectuer un stage de …. (1 semaine, 15 jours…)

B/ Exemple de C.V.

Georges Dupont14 ans
5 allée VermeilleFrançais
92316 Saint-Glinglin
tél. : 06 47 38 96 12

Demande de stage de manutentionnaire (une semaine)

Cursus scolaire :
Actuellement élève en classe 3ème au collège Turlututu

Diplômes (ou : autres formations) :
Brevet de secouriste15/12/2005
ASSR29/06/2006

Expérience professionnelle :
Agent d'accueil Mairie de St Glinglin (1 mois)Août 2006
Manutention sur les marchés (tous les samedis) depuis 2004

Compétences :
Utilisation de messageries Internetcourant
Utilisation de Wordscolaire
Création de site Internetsite personnel
Polonaiscourant
Anglaisscolaire

Centres d'intérêt :
Sport (pratique du Basket)
Lecture (magazines)
Cinéma

3

Obtenir un stage :

Le C.V.

Document élaboré par M. P. Marhic - 2010

A/ <u>Le C.V.</u>

1/ <u>Le C.V. est un document indicatif</u> :

Il sert à présenter votre profil et doit vous mettre en valeur.

Il comporte :
- vos nom, âge et nationalité,
- éventuellement une photographie d'identité,
- votre adresse et numéro de téléphone,
- un titre (demande de stage de…),
- votre cursus,
- une liste de vos diplômes avec leur date,
- une liste de vos expériences personnelles (stages déjà effectués) avec leur durée,
- une liste de vos compétences (ce que vous savez faire : langues parlées, logiciels informatiques maîtrisés…),
- une liste de vos centres d'intérêts (goûts personnels).

Il ne comporte pas :
- vos motivations,
- votre avis personnel,
- de phrases rédigées.

2/ Le C.V. doit être bien présenté :

- court (1 seule page),
- clair (1 seule information par ligne avec des alinéas),
- propre,
- par ordre chronologique décroissant,
- tapé à la machine,
- compris du premier coup d'œil.

C'est à sa lecture, en complément de celle de votre lettre de motivation, que l'employeur décidera ou non de vous accorder un entretien.

B/ <u>Exemple de lettre de motivation</u>

Georges Dupont
5 allée Vermeille
92316 Saint-Glinglin
tél. : 06 47 38 96 12

Agence AGHIP
12 rue Ombrage
92105 La Ferrière

Saint-Glinglin, le 14/01/06

Objet : demande de stage scolaire en entreprise

Madame, Monsieur,

Elève en classe de 3ème au Collège Turlututu, je dois effectuer un stage d'une semaine en entreprise. Or, je souhaite poursuivre mes études dans le domaine de l'informatique.
Votre entreprise, la plus grande entreprise d'informatique du département, réalise des logiciels bureautiques que j'utilise dans ma formation.
Je suis donc très intéressé par un stage dans votre entreprise où j'aimerais assister à leur réalisation en vous proposant mes compétences d'utilisateur pour les améliorer.

Dans l'espoir d'une réponse favorable de votre part, je vous prie d'agréer Madame, Monsieur, l'expression de ma considération respectueuse.

4

Obtenir un stage :

La lettre de motivation

Document élaboré par M. P. Marhic - 2010

A/ <u>La lettre de motivation</u>

1/ La lettre de motivation est un document argumentatif :

Elle sert à présenter vos centres d'intérêt et à convaincre l'entreprise contactée de l'intérêt qu'elle aura à vous accueillir.

Elle est :
- personnalisée (manuscrite – non photocopiée)
- précise

Elle comporte 3 parties (cf. modèle ci-joint) :
- vous
- l'entreprise
- vous dans l'entreprise

Elle ne comporte pas :
- d'informations déjà présentes dans le C.V.

Elle doit laisser entrevoir votre motivation

2/ Présentation de la lettre de motivation :

Sur du papier format A4 (21 X 29,7 cm) blanc sans lignes, cette lettre sera :

- écrite à la main,
- respectueuse de la présentation d'une lettre normale (adresse de l'expéditeur, adresse du destinataire, date, objet du courrier, formules de politesse),
- courte (1 seule page),
- claire (trois paragraphes),
- lisible (belle écriture) et rédigée en français correct,
- sans faute d'orthographe,
- propre.

En effet, elle vous représente directement par les qualités que vous saurez montrer et expliquer dans sa présentation. Une lettre sale et mal écrite n'arrive jamais à l'employeur : elle est jetée par la secrétaire !

- Tenez-vous droit et convenablement.

2/ Repréciser l'objet de votre présence :

- Je dois effectuer un stage de …. (1 semaine, 15 jours…)
- Dans le cadre de ma formation…
- Votre entreprise m'intéresse pour telle raison…
- J'espère apprendre…

3/ Attitude :

- Rester attentif : bien écouter l'interlocuteur.
- Ne jamais lui couper la parole.
- Répondre à ses questions sans trop parler.
- Montrer votre bonne volonté.

5/ Terminer l'entretien :

- Remercier.
- Souhaiter une bonne journée.
- Au revoir Madame / Monsieur.
- Sortir calmement en refermant la porte derrière vous sans la claquer.

La recherche de stage

5

Obtenir un stage :

Guide de l'entretien

Document élaboré par M. P. Marhic - 2010

A/ <u>Préparer l'entretien</u>

1/ <u>Préparation physique</u> :

- Se lever assez tôt pour ne pas être en retard.
- Se lever reposé (avoir bien dormi).
- Prendre un bon petit déjeuner.
- Se laver sans oublier de se brosser les dents.
- Ne pas abuser des parfums.

2/ <u>Préparation vestimentaire</u> :

- S'habiller correctement .
- Les vêtements doivent être conventionnels pour ne pas choquer votre interlocuteur.
- Éviter les tenues provocantes (jupes courtes…).
- Ils doivent être propres, même s'ils ne sont pas neufs.

3/ <u>Préparation mentale</u> :

- Partir de bonne heure.
- Se calmer, respirer.
- Partir gagnant : vous voulez obtenir ce stage.

4/ <u>Préparation de la conversation</u> :

- Avoir prévu ce que vous allez dire : pourquoi avoir choisi cette entreprise, qu'en attendez-vous… ?
- Avoir prévu ce que vous n'allez pas dire : ne dites rien qui vous porte préjudice (je n'aime pas les études, le travail…).
- Préparez une liste de vos qualités : curieux, aimable…
- Ayez en tête ce que vous avez déjà fait de positif : aide aux personnes handicapées…
- Trouvez la dimension positive de vos défauts : remuant = dynamique, bavard = sociable…

B/ <u>Réaliser l'entretien</u>

Il y a de fortes chances que vous soyez accueilli par une hôtesse. On vous fera patienter et/ou on vous conduira dans un autre bureau : rester toujours calme et poli avec tous les interlocuteurs.

1/ <u>Se présenter</u> :

- Frapper à la porte et attendre qu'on vous le dise pour entrer.
- Bonjour Madame / Monsieur.
- Je m'appelle...
- C'est moi qui vous avait contacté le… pour…
- Attendez, pour vous asseoir, qu'on vous y ait invité.

N'oubliez pas de noter tout ce que vous observez et apprenez : ces notes vous aideront à rédiger votre rapport.

2/ La participation :

Vous êtes en observation, mais rien ne vous empêche d'être actif et autonome. Toute aide que vous fournirez sera la bienvenue et vous permettra de mieux comprendre en quoi consiste le travail.
Un stage de 3ème est une occasion unique de découvrir ce qu'est la vie active. Ce stage vous aide à mieux déchiffrer ce que vous aimez, ce qui vous attire, ce que vous arrivez à faire, ce que vous détestez. Il peut vous permettre de choisir votre orientation après la classe de seconde.

6

Effectuer le stage :

L'attitude en stage

Document élaboré par M. P. Marhic - 2010

A/ L'attitude

Vous entrez dans le monde du travail et vous êtes tenu à certains devoirs et obligations, particulièrement à l'égard d'une entreprise qui a accepté de vous accueillir bénévolement, ce qui occasionne un surcroît de travail pour toute son équipe.

1/ La ponctualité :

Une entreprise gère plusieurs employés. Son bon fonctionnement dépend de son efficacité. Vous devez être à l'heure et ne pas perturber le travail du tuteur qui vous accueille.

2/ La tenue :

Vous devez être habillé correctement et proprement pour représenter l'entreprise qui vous accueille et en donner une bonne image aux clients. Ceci reste valable même si vous n'êtes pas en contact avec des clients.

3/ Le respect :

Vous devez être courtois et poli avec tous : patron, collègues, clients… Vous devez accepter les remarques et ne pas être :

- grossier,
- violent,
- sans gêne,
- malhonnête.

4/ Les conséquences :

N'oubliez jamais que vous représentez votre établissement scolaire. De votre attitude dépend

l'image que votre tuteur se fera du collège. C'est en jugeant votre attitude qu'il acceptera ou refusera d'accueillir d'autres camarades l'an prochain.

B/ Le comportement

1/ L'observation :

Observez, réfléchissez, questionnez, essayez de comprendre ce que l'on vous explique. Soyez curieux et entreprenant, n'attendez pas qu'on vous apporte toutes les informations sur un plateau.
Posez-vous les bonnes questions : qui fait quoi, où, quand, comment, pourquoi ?

lecture. Il doit donc pouvoir tout comprendre facilement et rapidement.

7

Finaliser un stage :

Rédiger le rapport

A/ Préparer le rapport

1/ Se poser les bonnes questions :
Toujours penser aux 6W :
Who ? What ? Where ? When ? Why ? How ?
= qui ? fait quoi ? où ? quand ? pourquoi ? comment ?
Cette trame doit vous permettre de préparer les questions que vous poserez à votre tuteur et dont les réponses vous fourniront la matière pour votre rapport.

2/ Questionner le tuteur et prendre des notes :

- Quels sont son parcours d'études et sa formation ?
- En quoi consiste exactement son travail ?
- Quelles sont ses différentes tâches ?
- Qu'aime-t-il dans ce travail et pourquoi ?
- …

B/ Rédiger le rapport

1/ Le préparer au brouillon :
Le rapport doit être un travail réfléchi, ordonné et fini. Il doit donc être préparé soigneusement.

2/ Le rédiger :

Il ne suffit pas d'aligner les informations : il faut les ordonner. Vous devez donc avoir prévu un plan :

- Introduction sommaire : quelle entreprise avez-vous choisi et pourquoi. La présenter brièvement.
- L'entreprise : son activité, sa localisation, sa structure (organigramme), ses personnels (nombre, fonctions), ses locaux (plans), ses produits (catalogue) ou services, ses contacts (clients), ses chiffres clés (chiffres d'affaires, résultats financiers)…
- Les fonctions que vous avez étudiées ou exercées : les horaires, les tâches, leur lieu d'exercice, le matériel utilisé, les collaborateurs, les compétences nécessaires, l'intérêt et les inconvénients, le niveau de formation requis, le salaire…
- Conclusion : quel intérêt avez-vous trouvé à effectuer ce stage ? Quelles sont ses limites ? Quel prolongement pouvez-vous y apporter (autres fonctions ou métiers envisageables dans le même secteur d'activité) ?

La présentation est très importante : elle doit être soignée (écrite proprement avec des phrases compréhensibles, sans fautes d'orthographe) et paginée avec un sommaire en début et des annexes en fin de rapport. Pensez toujours que votre lecteur ne connaît pas l'entreprise : il la découvre au fur et à mesure de la

La meuf du CDI

Alors la voilà, la pimpante Cécile L, prête à faire sa rentrée dans le lycée pro, armée de son diplôme, des séquences pédagogiques plein la tête, une jupe seyante, mais pas trop.
Ledit lycée, LP de la mécanique auto, il a fallu taper trois fois son nom sur Google pour en trouver le numéro de téléphone, histoire de vérifier que oui ? non ? il était bien situé au Nord, entre périph et maréchaux. Un programme à lui tout seul.
Au terme d'une année scolaire bien remplie, passons projets, actions, sensibilisations et comptes-rendus, Cécile avait le sentiment que certains codes étaient acquis : au volant de la classification Dewey, les élèves étaient désormais capables de reconnaître la signalétique du lieu et mieux, de tenir une feuille de route documentaire ; ils avaient parcouru le vaste circuit des médias et savaient distinguer la polysémie populaire du mot carrosserie.
Cécile quant à elle avait la certitude d'avoir acquis des compétences informationnelles, du moins le vernis atrophié mais nécessaire lui permettant d'osciller entre « bolos* » et « caillera** ». Elle a retenu quelques moments phares :

- Elle a eu son premier tag « CDI black désir » en lettres police 300 comme sur les rames du RER D ; génial, elle maîtrise une nouvelle forme d'expression.
- Les élèves klaxonnent quand elle passe dans la cour, vive les moyens de communication au sein du monde de l'entreprise ; elle est prête pour le Mondial de l'Auto.
- Enfin et le meilleur, la valorisation de son expérience pédagogique en des termes coupant le souffle : « Elle est trop chanmé***, la meuf du CDI ! ».

Sophie Brassart
Professeure-documentaliste
(Paris 13e)

* victime ** racaille en verlan, fréquentant quelquefois les bancs du ministère de la Justice *** méchant en verlan, synonyme- antonyme plutôt valorisant (cf. mortel)

Seconde partie - Vécus de CDI

A l'aide !

Chaque année, ils gagnent du terrain. Ils s'étalent, s'entassent, se hissent le long des murs, prennent leurs aises, envahissent, bloquent les sorties de secours. Ils ont trouvé un abri, maintenant ils s'incrustent.

Rentrée après rentrée, ils repoussent les limites de leur territoire.

Un jour, c'est sûr, ils mettront les élèves à la porte. Et puis ce sera mon tour…

ILS, ce sont les anciens. Ceux qui manquent de souplesse, les bien lourds, les amochés, les caducs. Ceux dont plus personne ne veut.

Le CDI doit-il pour autant servir de terre d'archive à ces expatriés ?

Face à la menace du danger, j'ai tout essayé pour les faire disparaître. J'ai harcelé les professeurs, j'ai rempli les sacs poubelles, mais les uns comme les autres ont fini par craquer. J'ai même envoyé un SOS transplanétaire via le Net. J'ai téléphoné, écrit, supplié… Je n'ai jamais trouvé preneur !

Mais vous, les nouveaux, peut-être trouverez-vous LA solution pour me débarrasser des anciens.

Alors, qui que vous soyez : professeurs, élèves, collectionneurs, artistes, ONG, associations, incinérateurs et recycleurs de tous papiers, sachez-le : je fais don de TOUS les anciens manuels scolaires…et il n'y a pas moins de soixante-deux cartons !

Agnès Cornet
Professeure-documentaliste
Lycée Lucas De Nehou (Paris)

Biblio... et économie

Philippe Marhic
Professeur-documentaliste
Collège Mozart (Paris)

Le budget, c'est le nerf de la guerre. Un tout petit petit minuscule nerf au CDI. Et le professeur-documentaliste, lui, a souvent « les » nerfs lorsqu'il doit monter à l'assaut de son gestionnaire.
Le budget d'un CDI est constitué du faramineux montant d'environ cinq euros (vous avez bien lu : 5 €) en moyenne par an et par élève. Avec ce trésor, il faut équiper les rayonnages : romans, contes, documentaires, usuels, orientation et périodiques, sans parler d'éventuels abonnements informatiques (Mémofiches du CRDP de Poitiers, sites Web payants...). Soit moins d'un euro par élève par an par rayon !
Certes, il existe une jungle torride d'aides et de subventions, joies de la décentralisation (État, régions, départements, communes...) pour qui s'y connaît en labyrinthes et méandres, aime la paperasserie et dispose de beaucoup de temps. Bref, pour qui est administratif, ce qui est rarement le cas des professeurs-documentalistes qui préfèrent privilégier la pédagogie.

Nous vous proposons donc ici quelques pistes autres que les collections ou maisons d'édition à petit prix déjà connues de tous (Librio, Bibliocollège...) et ne vous ferons pas l'affront de citer les éditeurs, désormais très nombreux, qui fournissent gratuitement en ligne de l'information pédagogique (fiches de travail, séances didactiques...)[54].

- Vous le savez pourtant ! Les bibliothèques municipales pratiquent régulièrement des désherbages. À cette occasion, de nombreux livres, encore en assez bon état, sont « mis au pilon ». Occasion inespérée de les récupérer gratuitement. Adressez-vous à votre mairie.
À Paris, il existe un service spécialisé qui centralise tous les pilons des bibliothèques de Paris (ouvrages trop anciens, mais également pas assez lus, dont une édition plus récente ou une suite vient de paraître, erreurs d'achat, dons...). Il s'agit de l'ADEL[55]. Sur simple rendez-vous vous pouvez, deux fois par an, aller récupérer deux cartons de livres ou de CD audio (cartons fournis). Vous n'aurez plus qu'à vous présenter muni d'une lettre d'accréditation de votre établissement scolaire et de votre carte professionnelle. L'accueil y est charmant. Des documentalistes disponibles vous guideront vers la salle « jeunesse » où des rayons emplis de documentaires, romans, BD, albums et

[54] Le Livre de Poche Jeunesse.
[55] ADEL, 46 bis, rue Saint-Maur, 75011 Paris. Tél. : 01 49 29 36 69

autres trésors vous tendront les bras en criant : « prenez-nous avec vous pour que d'autres petites mains (plus ou moins) potelées nous feuillettent avant notre retraite bien méritée ». Vous y trouverez également, outre les Roald Dahl et autres *Chair de poule*, des albums avec CD ou des ouvrages bilingues, des mangas et des classiques, des dictionnaires et encyclopédies… mais également des CD de musique et de contes.
N'hésitez pas à demander conseil auprès du documentaliste qui, bien que présent dans la salle, vous laissera, dans une totale liberté de mouvement, déambuler d'un rayon à l'autre, car vous n'aurez que deux heures et demi au plus pour faire de difficiles choix. Il vous faudra ensuite démagnétiser les ouvrages retenus et leur apposer le tampon « don de la ville de Paris » avant de les charger dans votre coffre. À vous, ensuite, le plaisir de déballer le contenu de la caverne d'Ali Baba devant vos petits lecteurs émerveillés. Vous trouvez que j'en fais trop ? Depuis que je fréquente l'ADEL, mes élèves me passent des commandes (« Si vous trouviez des livres du Club des Babbysitters » ou « Rapportez-nous des livres qui font peur »… et j'en trouve), je peux me procurer des ouvrages introuvables ailleurs ou que mon budget ne me permettrait pas d'acquérir. Et lorsqu'ils savent que je suis passé à l'ADEL, mes élèves m'attendent avec impatience devant la porte du CDI pour voir surgir les perles rares qu'ils réservent immédiatement avant même que j'ai eu le temps de les cataloguer et d'en compléter l'équipement (ils sont généralement déjà couverts). Maintenant, ils me passent même leurs commandes !

- Et pour mon rayon orientation, une alternative à l'ONISEP existe : aussi bien et paradoxalement moins chère que ce service pourtant subventionné. Il s'agit des publications de *L'Étudiant* et de *Studyrama*, toutes deux plutôt destinées aux lycéens qu'aux collégiens. Quoi que… pour ceux qui savent accéder à un texte sobre, dépourvu d'illustrations et faire le tri dans une information complète... Avec, en plus : accueil téléphonique immédiat et chaleureux, interlocuteurs disponibles, aussi compétents qu'au CIDJ[56] et arrangeants, tarifs dégressifs, services variés et j'en passe. À utiliser sans modération ni honte aucune.

- Une astuce pour les périodiques : les représentants, si vous les abordez avec le sourire, pourront vous procurer des invendus et de superbes affiches décoratives. N'oublions pas les critiques littéraires de ces mêmes éditeurs ou périodiques pour enfants et adolescents qui croulent sous le poids des nouvelles parutions qu'ils reçoivent et empilent un peu partout dans leur bureau. Ils sont souvent ravis de s'en débarrasser en se rendant utiles à la communauté.
- Au secours ! Que faire si mon CDI croule sous les nouveaux ouvrages acquis de manière si astucieuse ? Désherber, oui, mais après ? Sachez que de très nombreuses associations récupèreront avec bonheur les dits excédents, en même

[56] Centre d'Information et de Documentation Jeunesse

temps que vos anciens manuels ou livres que vos élèves n'auront pas voulu conserver, afin de les envoyer dans des établissements scolaires pauvres en Afrique ou en Asie.

- Pour disposer de belles expositions temporaires dans votre propre CDI, n'hésitez pas à solliciter les musées, bibliothèques et médiathèques municipales, mais également des organismes comme l'UNICEF qui prête de très belles expositions sur des thèmes d'actualité (l'eau, la malnutrition, les enfants soldats, le sida, les droits de l'enfant, etc.)

Maintenant, pour sûr, ces quelques pistes devraient vous permettre :
- de renflouer vos rayons à moindre frais,
- d'échanger vos éventuels doublons avec les élèves qui « nettoient » leur ancienne bibliothèque (façon foire aux affaires ou vide grenier),
- de disposer d'ouvrages de très bonne qualité à offrir aux élèves à titre de prix lors de vos nombreuses activités.

Ces multiples récupérations se justifient d'autant plus que j'ai mis en place un défi lecture en CM2/ 6ème (dans le cadre de la liaison premier cycle/second cycle), un prix du plus grand lecteur en 6ème, un rallye lecture en 5ème et divers concours avec des professeurs disciplinaires (Histoire, SVT...). Autant d'activités qui nécessitent l'acquisition, toujours difficile à faire accepter à l'intendance, de prix divers et variés... dont je ne suis jamais plus à court.

Enfin, n'oublions pas que le temps étant de l'argent, économiser notre temps (notre taux horaire est si élevé !) revient également à réaliser des gains appréciables... et nous permet ainsi de nous rendre plus disponibles pour des tâches pédagogiques. Je ne saurais trop, à cet égard, vous conseiller deux excellents sites gratuits en ligne : Moccam[57] et Decitre[58].
Le premier, à partir des lots de numéros ISBN que vous y insérerez, vous permettra de rapatrier en un temps record sur votre base de données une multitude de notices au format Unimarc. Vous n'aurez plus, lorsque vous cataloguerez, qu'à compléter ou modifier deux ou trois champs (cote, état de l'ouvrage, résumé...).
Le second, site Web d'une grande librairie, vous fournira les résumés de toutes les publications connues à ce jour. Un simple copié/ collé et votre résumé est intégré à votre notice.

A vos téléphone ou clavier et bon courage !

---

[57] http://www.moccam-en-ligne.fr
[58] http://www.decitre.fr

Cégratos

Sous forme de question, d'exclamation, de jubilation, Cégratos faisait le tour de la cour, courait de bouche à oreille comme un slogan qui marche.
Et c'est vrai, ça marchait comme par enchantement : en dix minutes les piles disparaissaient, les cartons se vidaient.
Mais pourquoi n'y avais-je pas pensé plus tôt ? Pourquoi avoir cherché tant d'années dans les Pays en voie de développement ce que j'avais à ma porte ? Des affamés de savoir qui ne demandaient que ça : des livres, des livres et encore des livres pour accéder enfin à la connaissance.
Avec goinfrerie, ils gavaient leur sac de ces vieux manuels, aujourd'hui inusités et pourtant appétissants, qui allaient faire leurs bonnes notes et leur bonheur, c'est sûr !
Et puis, peu importe la date de péremption, le niveau et la matière. Puisque cégratos c'est magique, ils comptaient tous se mettre à l'allemand lorsque le tas de Deutsch ist Klasse ! est arrivé sur la table.
Ce jour-là les élèves ont quitté le CDI, alourdis de quelques kilos d'illusion, l'échine courbée mais le sourire aux lèvres, car ce qui est gratuit n'a pas de prix !

Agnès Cornet
Professeure-documentaliste
Lycée Lucas De Nehou (Paris)

Une radio scolaire dans l'académie de Paris

Gwénaële Guillerm[59]
Professeure-documentaliste
Lycée Marie-Laurencin (Paris)
responsable de Radio Clype[60] (Paris)

Description de l'activité

Radio Clype est un centre de ressources consacré aux activités de radio scolaire (de la maternelle au lycée) sur l'académie de Paris qui fonctionne depuis novembre 2003. Il est équipé d'un studio d'enregistrement pour les élèves accompagnés de leurs enseignants qui désirent réaliser des émissions radiophoniques dans le cadre de projets pédagogiques. Une enseignante à mi-temps, moi même, et un technicien du son, en 2009 Etienne Machet (assistant d'éducation), sont mis à disposition des équipes éducatives par l'académie de Paris. Coordination des actions, accompagnement pédagogique des projets, aide logistique et technique, interface entre les producteurs d'émissions et les diffuseurs (radio associative, sites Internet)

En 2009, une trentaine de projets sont en cours sur l'académie. Chaque année, la radio accueille environ 800 élèves dont 30% viennent du primaire, 30% du collège, 30% du LP, 10% du lycée général.

La majorité (environ 80%) des projets qui se montent à Radio Clype concernent les élèves en difficulté, voire en grande difficulté scolaire. Ce qui se conçoit aisément : les enseignants confrontés à la difficulté cherchent un mode d'apprentissage différent pour leurs élèves. Cependant, afin d'éviter toute stigmatisation, il est souhaitable qu'un brassage aussi large que possible subsiste entre les populations qui participent à cette production radiophonique. Enfin, nous recevons aussi des enfants en situation de handicap : enfants non-voyants, enfants autistes.

Radio Clype diffuse sur Radio Campus (93.9) et sur son site Internet hébergé sur le serveur académique http://radio-clype.scola.ac-paris.fr.

Les domaines d'intervention de la radio pour les élèves portent en tout premier lieu sur la maîtrise des langages, tant oral qu'écrit (maîtrise des langues également : émissions multilingues, même en latin !), l'acquisition d'une discipline de travail rigoureuse et ce dans toutes les disciplines littéraires ou scientifiques, la maîtrise des techniques de l'information et de la communication, l'accès à une voie d'expression des capacités sociales et

[59] Auteure de *Vous êtes sur Radio-Clype. Abécédaire d'une radio scolaire*, Paris, L'Harmattan, collection Nouvelles pédagogies, 2009
[60] http://radio-clype.scola.ac-paris.fr/

civiques, l'acquisition de l'autonomie et de l'initiative, l'éveil au goût de la culture.
Les compétences mobilisées sont, entre autres, la qualité d'écoute, l'ouverture d'esprit, le partage des compétences, l'apprentissage du travail collectif, le développement de l'esprit critique.
Le projet radio favorise en outre, pour les enseignants eux-mêmes, un travail d'équipe, la valorisation des projets menés, les méthodes actives de transmission des savoirs, les échanges inter-degrés et l'évolution des pratiques pédagogiques.
Les établissements, quant à eux, peuvent communiquer sur leurs actions et trouver dans la radio un média à l'expression collégienne et lycéenne.

Genèse du projet

Radio Clype est née de l'ennui dont on ne dira jamais assez les vertus. En 1999, lorsque le projet a germé, je travaillais comme documentaliste dans un lycée professionnel de l'industrie à Paris, après avoir quitté le terrain des établissements scolaires depuis plus de dix ans. Si je résume le parcours qui fut le mien pendant ces années-là, c'est qu'il a conduit assez logiquement à la création de Radio Clype. Une dizaine d'années auparavant, j'avais été documentaliste au Centre de Liaison de l'Enseignement et des Médias d'Information (Clemi).
Durant les quatre années où j'ai exercé cette fonction, j'ai exploré le champ de l'éducation aux médias qui m'a passionnée au point de suivre une formation en cours du soir au Centre de formation et de perfectionnement des journalistes (CFPJ) pour me former à l'écriture journalistique. Ces compétences, je les ai exploitées ensuite en travaillant, pendant sept ans, dans une revue du Centre national de documentation pédagogique (CNDP, devenu depuis Scéren). Rédactrice pour *Textes et Documents pour la Classe (TDC)*, je me suis occupée de la partie Magazine – un supplément de 8 pages – aujourd'hui disparu sous sa forme papier. Je « couvrais » l'information culturelle utile aux enseignants, en particulier la rubrique *Initiatives*. Je repérais et présentais les initiatives pédagogiques originales, porteuses de réussite dans des établissements dits « difficiles », dans le primaire comme dans le secondaire. Dans ce poste aussi, j'ai beaucoup appris et rencontré des femmes et des hommes remarquables.
Plusieurs raisons m'ont fait revenir sur le terrain à la fin des années 1990, et j'en étais heureuse. Forte de ce que j'avais engrangé, il me semblait que j'aurais quelque chose de « frais » à apporter là où je serais nommée.
Le retour fut plus rude que je ne l'avais escompté.
J'avais commencé ma carrière de « pédagogue » à 19 ans comme institutrice suppléante en maternelle et en primaire. Je suis entrée ensuite dans le secondaire par la petite porte de l'auxiliariat, comme professeur de lettres-histoire dans les lycées professionnels. Enfin, après une formation universitaire

en documentation, je suis devenue documentaliste en collège et en lycée. Une histoire longue et parfois houleuse avec un système que j'ai toujours rêvé d'assouplir et de rendre plus vivant.
Dans le lycée professionnel de l'industrie où je fus nommée en 1999, je retrouvais tout ce qui m'avait donné envie de sortir du système, dix ans auparavant. Certes le métier s'était enrichi de quelques nouveautés technologiques, mais la place de la documentation et du CDI restait encore à définir. Les cours se succédaient toujours d'heure en heure, entrecoupés d'une sonnerie tonitruante. Le CDI était quasiment désert sauf pendant la demi-heure qui suivait la cantine, surtout quand il faisait froid, ou quand la salle de permanence, surpeuplée, ne suffisait pas pour contenir les collés ou les « sans cours ». Arrivaient alors des assoiffés d'Internet, ne manifestant aucune marque d'intérêt pour les autres supports présents dans les lieux ! L'emploi du temps de ces élèves venus des quatre coins de la ville et de ses banlieues ne laissait aucune disponibilité pour que je puisse aménager avec eux des projets éducatifs ou culturels. Par ailleurs, établir des relations de travail avec les enseignants exige du temps.
Une fois les tâches documentaires accomplies, je commençais à déprimer et à regretter amèrement d'avoir quitté le rythme soutenu d'une rédaction de magazine[61]. Que pouvais-je faire ? Le feuilletage du Plan de formation continue du second degré (PAF) m'apporta une solution inattendue sous la forme d'un stage radio au Clemi national. Une aubaine ! Du temps où je travaillais pour cet organisme, je n'avais pas pu m'y inscrire.

Après le stage du CLEMI

Le stage s'avéra passionnant. Les stagiaires étaient tous impliqués dans des actions en radio éducative, qui dans sa classe, qui dans son établissement et tous avaient sur moi une longueur d'avance dans la pratique. Je constatais cependant que les savoir-faire de ces enseignants étaient bien peu médiatisés et bénéficiaient de très peu de soutien. Aussi, lorsqu'à la fin du stage, il nous a été demandé de rédiger un projet, j'ai présenté un projet fédératif de radio scolaire inter-établissements, de la maternelle au lycée, pour l'ensemble des établissements de l'académie de Paris.
Le dispositif que j'imaginai alors était beaucoup plus ambitieux que celui qui fonctionne aujourd'hui (en 2009), mais il en traçait déjà les lignes principales. Les vingt-cinq personnes présentes s'enthousiasmèrent pour l'idée et me jurèrent de me suivre dans mes démarches si je le mettais en œuvre.

---

[61] Je parle ici du CDI d'un petit LP, avec une histoire particulière et un passé difficile, et non d'un CDI de collège ou de grand lycée où le travail est monstrueusement lourd, les élèves très demandeurs et les documentalistes trop peu nombreux, écrasés par les tâches à accomplir !

Avec ce projet, j'avais trouvé une façon de travailler avec des classes et leurs enseignants, de motiver des élèves peu intéressés par l'écrit et de faire des liens entre le premier et le second degré… J'imaginais le studio implanté dans mon lycée et « mes » élèves premiers bénéficiaires du dispositif.
Tout restait à faire !

<u>Du projet à la réalisation</u>

Regonflée par les perspectives ouvertes durant le stage et soutenue moralement par les équipes du Clemi national et parisien, j'ai développé le projet et pris rendez-vous avec la cellule Innovation du rectorat de Paris. Lorsque je me présentai à ce rendez-vous, deux personnes se trouvaient dans le bureau, l'une s'adressant à moi et m'écoutant, l'autre plongée dans un dossier. La première, Cecile Pellard, s'avéra par la suite être une aide précieuse et fidèle. Qu'elle en soit ici remerciée. Quant à la seconde – chef du service, ce que j'ignorais – elle leva la tête de son dossier lorsque j'eus fini mon exposé, et prononça les trois mots qui devaient être déterminants pour toute la suite : « ça m'intéresse beaucoup ». La conversation qui s'engagea alors me convainquit qu'il me fallait continuer. Je ne savais rien encore des heures que j'allais passer pour mettre en œuvre et conduire ce projet, ni des embûches multiples qu'il me faudrait contourner avant d'accueillir enfin la première classe dans le studio d'enregistrement de Radio Clype, laquelle n'avait pas alors encore de nom.
Un comité de pilotage se mit en place composé d'un inspecteur de la Vie scolaire, du responsable de la Direction de l'action culturelle (DAAC), d'une représentante de l'Innovation, du coordinateur du Clemi Paris et du chargé de dossier radio du Clemi national. Deux grandes réunions eurent lieu au rectorat auxquelles vinrent de nombreux enseignants intéressés par la création de cette radio scolaire. Ils furent environ une trentaine à chaque fois et pas toujours les mêmes.
Les débats furent très vifs, certains craignant que la fédération ne crée une « voix de son maître » inféodée au rectorat de Paris, d'autres se montrant très attachés à une radio scolaire pédagogique sans souci de diffusion, d'autres encore déclarant au contraire primordial l'intérêt de l'auditeur. Quelles que soient ces différences, la question essentielle pour tous restait bien sûr « Pourquoi créer une radio scolaire ? » Une question qui est posée à chaque fois qu'est monté un projet d'éducation aux médias : journal, radio, télé, blog, et la théorie n'y apporte que des réponses partielles.

Suivit une période de tâtonnement au cours de laquelle je continuais à travailler à plein temps dans mon établissement tout en construisant petit à petit le dispositif. Il me fallait trouver un lieu d'hébergement pour le studio, un financement pour l'installer, un diffuseur pour les productions de la radio, un technicien du son, et le support budgétaire pour le payer.

Au bout de cette première année de fonctionnement partiel et chaotique, il s'avéra nécessaire d'affiner le projet avec des enseignants. Un stage inter-degrés eut lieu au Clemi en novembre 2002 auquel furent invités plusieurs professionnels de la radio. Parmi ceux-ci, une sommité de la radio en milieu scolaire : Eric Lucas, le « patron » de Fréquence Sillé, « mère » de toutes les radios scolaires, vint nous faire rêver devant le chemin accompli en 20 ans par son projet : budget colossal, plusieurs employés salariés, une radio scolaire devenue radio locale ! *http://www.frequence-sille.org/accueil/accueil.php* On s'y voyait déjà !

Radio Clype aujourd'hui

Des traces écrites des débuts du projet sont disponibles sur le site de l'Innovation pédagogique de l'Académie de Paris : *http://innovalo.scola.ac-paris.fr/2003/RADIO/index.htm*

Radio Clype continue d'exister et d'évoluer. On peut trouver désormais des détails de cette expérience dans *Vous êtes sur Radio Clype*, collection Nouvelles pédagogies, L'Harmattan, 2009. De nombreux témoignages d'enseignants donnent des pistes de travail à tous ceux qui souhaiteraient travailler avec le média radio.

Extrait :

Lire la presse pour la radio

La collaboration avec Yvi Meauldre se trouve privilégiée par la situation géographique de Radio Clype dans le lycée où elle exerce son métier de documentaliste. Nous pouvons ainsi élaborer des projets autour de l'actualité «chaude », comme une revue de presse ou des bulletins d'informations dans le cadre d'un club radio à l'heure du déjeuner, par exemple.

Enseignante : Yvi Meauldre, documentaliste
Lieu : Lycée professionnel Galilée, 75013
Années : 2007-2009
Nom du projet : réaliser une revue de presse
Objectif : apprentissage de la lecture rapide et de la prise de notes. Pratique de l'expression orale.

Notre lycée, au cœur du XIIIe arrondissement de Paris, a la chance d'héberger Radio Clype. Dès son installation, nous avons eu l'envie de travailler ensemble.

La Semaine de la Presse et des Médias d'Information 2008 a été l'occasion de réaliser une revue de presse avec une classe de première baccalauréat professionnel, le professeur de Lettres et une amie journaliste retraitée.
La revue de presse a porté sur l'actualité en cours : les quotidiens du 27 mars, ainsi que les hebdomadaires de la semaine, dans une situation semblable à celle vécue par les journalistes.
En raison de diverses contraintes d'emploi du temps et de disponibilité des adultes, cette activité a été entièrement réalisée en une seule séance de quatre heures. Nous étions quatre adultes pour encadrer les 28 élèves de la classe.
Cette première expérience fut motivante pour tous, malgré ses nombreuses imperfections.
Elle a permis à certains élèves de s'affirmer, comme Johan qui a joué le rôle de l'animateur. Sa prestation fut excellente et elle a permis de finir brillamment ce galop d'essai avec une interview de la journaliste présente.
De nouveau, en 2009, nous avons proposé à une classe de seconde baccalauréat professionnel SEN (Systèmes Électroniques et Numériques) de réaliser une revue de presse. Nous avons choisi d'aborder, d'une part, des sujets liés à l'actualité en général et, d'autre part, de traiter de leur domaine professionnel, l'informatique.
Ce projet pluridisciplinaire a été mené avec un des professeurs d'enseignement professionnel (SEN) de la classe et le professeur de Lettres-Histoire.
Au préalable, grâce au Clemi et dans le cadre de la Semaine de la Presse, nous avons accueilli un étudiant de l'ESJ (École Supérieure de Journalisme) qui a présenté aux élèves les principes de la revue de presse.
Nous avons également fait écouter aux élèves plusieurs revues de presse radiophoniques.
Ce projet a nécessité trois séances de travail de deux heures entre le 5 et le 12 mai 2009. Les élèves ont travaillé sur plusieurs quotidiens datés du 5 mai (*Le Monde, Le Figaro, Libération, Le Parisien* et la presse gratuite : *Métro, Direct matin, 20 minutes*) pour le traitement de l'actualité. Le domaine professionnel a été analysé par l'intermédiaire de revues informatiques mensuelles et hebdomadaires des mois d'avril et mai (15 revues dont *Micro Hebdo. Linux pratique, Linux Planète, Hardware, PC Expert, PC Magazine, PC Update, SVM, SVM Mac, SVP Pod, Windows news,* etc.).

Première séance :
Quatre groupes de quatre élèves travaillent sur la revue de presse «Informatique » et deux groupes sur l'actualité... (à suivre sur *Vous êtes sur Radio-Clype. Abécédaire d'une radio scolaire*, Paris, L'Harmattan, collection Nouvelles pédagogies, 2009).

Du rêve... à l'âpre réalité

Il y a parfois un monde. Celui qui sépare l'inspecteur du professeur.
J'ai reçu l'autre jour l'inspectrice d'arts plastiques, venue prendre connaissance du fonds documentaire dans cette discipline. Elle le trouva pauvre et désuet, et elle n'avait pas tort. Je lui expliquais alors que l'ensemble de mon fonds (documentaire et fiction) était ancien et que je procédais à son renouvellement, par étapes, en fonction des priorités.
Or, je craignais que les ouvrages sur l'art, même nouveaux, ne suscitent pas un engouement spontané de la part de nos élèves. L'inspectrice, elle, était persuadée du contraire. Hélas, je sais que l'aspect attractif du livre ne suffit pas. J'en ai fait l'expérience avec les livres sur la science, renouvelés il y a deux ans. Ces ouvrages sont adaptés au niveau des collégiens, issus des plus belles collections jeunesse, abondamment illustrés, et propres et neufs pour longtemps encore, faute d'être empruntés !
Pour utiliser le fonds documentaire du CDI, l'élève doit d'abord être motivé par une demande du professeur de discipline puis accompagné dans sa démarche par le professeur-documentaliste. Sans quoi, les livres sur l'art risquent fort de ne jamais attirer l'attention des élèves, déjà bien concentrés sur les colères de Haddock, les aventures d'Achille, les déboires de Cédric et les gaffes de Gaston.
Mais, j'y pense, la bande dessinée n'est-elle pas un art ?
O.K. Je retire ce que j'ai dit...

Agnès Cornet
Professeure-documentaliste
Lycée Lucas De Nehou (Paris)

Mozart l'Européen
Rallye interactif

Francine Debarge
Documentaliste de 1995 à 2006
Collège Mozart (Paris)

En 2005 et 2006, une classe de 4ème du Collège Mozart a participé au programme « Dix mois d'école et d'Opéra » encadrée par un groupe de six enseignants, professeurs de français, arts plastiques, musique, histoire-géographie, physique et bien sûr documentaliste. Ce partenariat de ***l'Opéra de Paris avec l'Éducation Nationale*** permet à des enfants de milieux culturellement défavorisés, de la maternelle au lycée professionnel, de découvrir ce qu'est l'Opéra et les nombreux métiers qui s'y exercent.

Pendant deux années scolaires, ces élèves se sont ainsi exercés, durant deux heures hebdomadaires, à la danse avec une chorégraphe et au chant avec un chef de chœur de l'Opéra Bastille. À la fin de la deuxième année, tous les élèves participant au projet ont présenté un spectacle : un opéra écrit spécialement pour eux et intitulé *Mozart MP3*.

Outre ce projet artistique, le groupe d'enseignants devait conduire un projet pédagogique qui pouvait prendre différentes formes : exposition, film, voyage…

J'ai proposé, à cette occasion, de créer un jeu interactif autour des multiples voyages que Mozart a effectués en Europe. Ce projet me semblait intéressant à plusieurs titres :
- en 2006, on célébrait le 250e anniversaire de la naissance de Mozart,
- notre collège porte le nom de Mozart,
- l'Europe et le XVIIIe siècle sont au programme de la classe de 4ème en histoire et géographie.

Pour être tout à fait honnête, je n'ai pas inventé complètement la conception de ce jeu. L'idée m'en est venue en consultant un site créé par le CRDP de Grenoble autour du *Tour du monde en 80 jours.* Comme pour ce jeu, le nôtre consistait, pour chaque ville, à rédiger une question et à amener le lecteur à en trouver la réponse sur un site Internet que j'avais au préalable sélectionné.

Mozart a séjourné plus ou moins longtemps dans de très nombreuses villes d'Autriche, d'Allemagne, d'Angleterre, de Bohême, d'Italie, de France, de Hollande, de Belgique, de Suisse.

Les élèves de la classe de 4ème étant au nombre de 25, j'ai choisi, parmi les villes d'Europe, 25 villes visitées pas Mozart qui, au XVIIIe siècle, s'étaient illustrées par :
- une particularité architecturale,
- un évènement marquant,
- un grand personnage,
- une production artisanale caractéristique.

Dans un premier temps, j'ai fait choisir par les élèves la ville sur laquelle ils devaient travailler et je leur ai demandé de sélectionner sur Internet les sites qui leur paraissaient pertinents c'est-à-dire ceux sur lesquels on trouvait des renseignements sur la ville concernée au XVIIIe siècle.
Cette première partie de l'élaboration du rallye interactif m'a semblé très intéressante car il était un bon apprentissage à l'utilisation d'Internet :
- formulation de la requête,
- choix des mots-clés pertinents,
- tri parmi les sites,
- sélection du ou des sites pouvant apporter des éléments intéressants.

Devant la difficulté des élèves, j'ai décidé de faire moi-même la sélection des sites et leur ai proposé à chacun un, deux, trois sites, selon les cas.

Chaque élève avait trois tâches à effectuer :
1- Rédiger un texte de présentation de la ville choisie :
a- situer géographiquement la ville (dans quel pays, quelle province…),
b- indiquer quand, combien de temps, combien de fois Mozart avait séjourné dans cette ville,
c- préciser quel en était le régime politique (république, monarchie…),
d- mentionner si la ville avait une activité particulière (dans le domaine artisanal, artistique…).
2- Ensuite, rédiger une question pertinente, suffisamment astucieuse et intrigante pour susciter de la curiosité chez le joueur, et s'assurer que la réponse se trouvait bien sur l'un des sites sur lesquels il travaillait.

3- Enfin, chercher des illustrations adaptées sans commettre d'anachronisme.

La difficulté pour les élèves a été de faire la synthèse des informations, de rester dans le cadre du XVIIIe siècle. Dans l'histoire d'une ville, il fallait être capable de faire le tri et sélectionner les éléments : personnages, activités artisanales, personnages contemporains de Mozart et éliminer ce qui était postérieur au siècle des Lumières.
La rédaction des questions, elle aussi s'est révélée délicate. Il fallait pour chacune trouver un sujet suffisamment pointu pour que le jeu ait de l'intérêt,

que la réponse demande un peu d'astuce et de réflexion. La formulation des questions devait être simple, claire et précise.

Dans l'idéal, il aurait été souhaitable que les élèves construisent eux-mêmes le site. Faute de temps et de disponibilité du professeur de technologie, c'est moi qui me suis chargée de la mise en forme du site, une fois les textes sur les villes et les questions collectés.

Ce rallye interactif a été proposé, l'année scolaire suivante, sous forme d'un jeu concours aux élèves de $6^{\text{ème}}$ de notre établissement pour lesquels il a constitué un bon exercice de repérage d'informations sur sites Internet. Ces élèves ont également pris plaisir à chercher les réponses. Des récompenses ont été remises en fin d'année à ceux qui avaient trouvé le plus grand nombre de bonnes réponses.
Des élèves adultes en FLE (français langue étrangère) s'y sont également intéressés dans un contexte de cours municipaux et universitaires de langue française et de culture européenne.

Ce jeu est toujours accessible à l'adresse suivante : http://college.mozart.free.fr

Il se présente sous la forme suivante :
Après une page de présentation qui explique la règle du jeu et demande au joueur de donner un nom et un mot de passe, on arrive sur une carte d'Europe où ne figurent que les pays dans lesquels Mozart a voyagé. Dans chaque pays, se situent une ou plusieurs villes où il a séjourné.

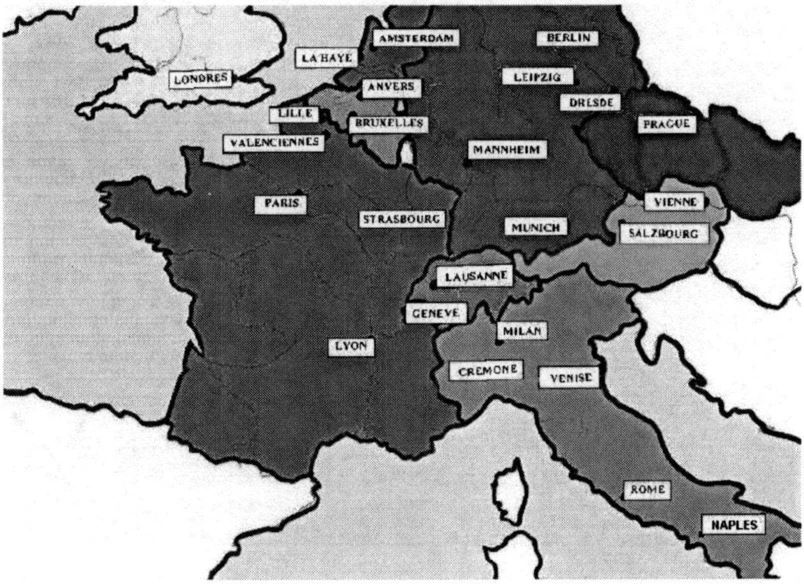

Le joueur, en cliquant sur une des étiquettes, ouvre une page sur laquelle est présentée la ville, telle qu'elle était au XVIIIe siècle. Il y est indiqué combien de fois Mozart s'y est rendu, à quelles dates, si un événement important dans la vie du compositeur s'y est déroulé. Ensuite, viennent quelques indications sur l'histoire de la ville, à la même époque et enfin des informations sur ses caractéristiques (production industrielle, particularités architecturales, traditions…)

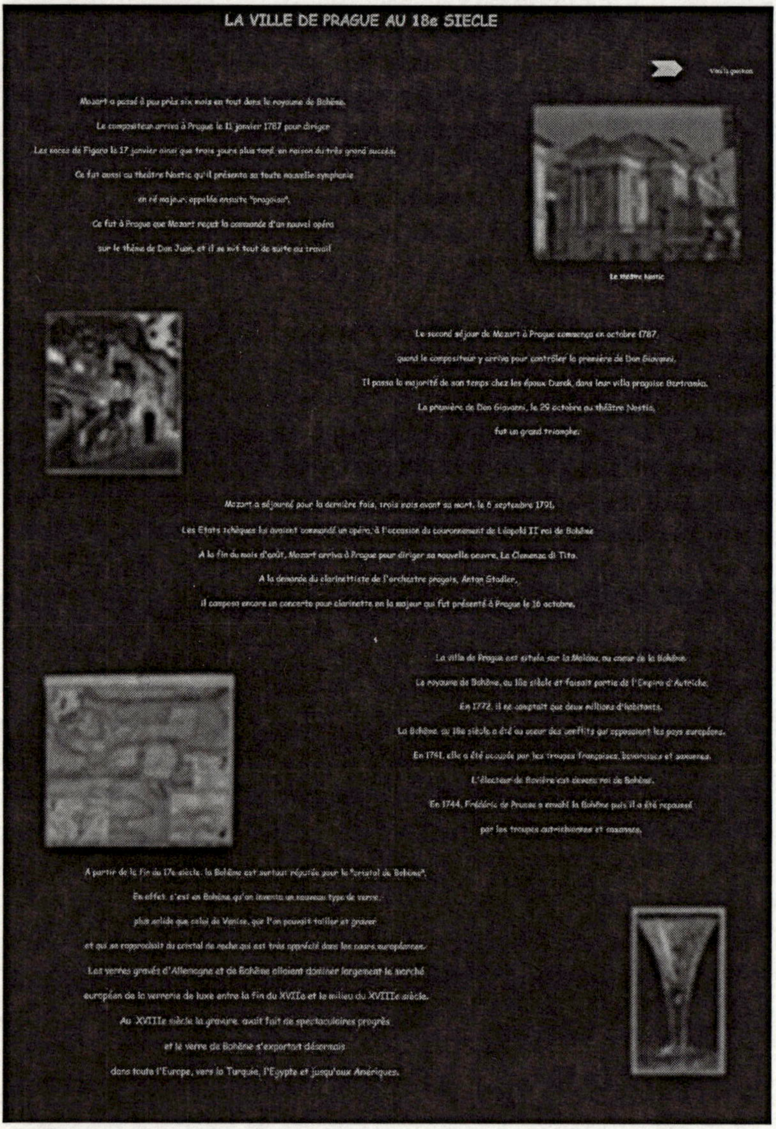

Quelques photos viennent illustrer la page (plan de la ville à l'époque, monuments...)

Une flèche, en haut, à droite de la page, conduit le joueur à cliquer pour ouvrir une autre page.

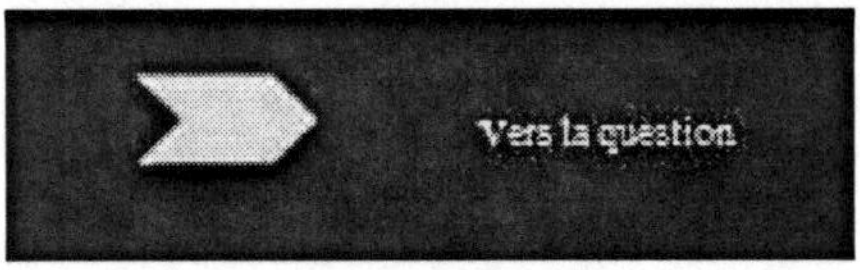

Cette page comporte une question sur la ville et indique l'adresse d'une page ou d'un site Internet que le joueur devra consulter pour trouver la réponse.

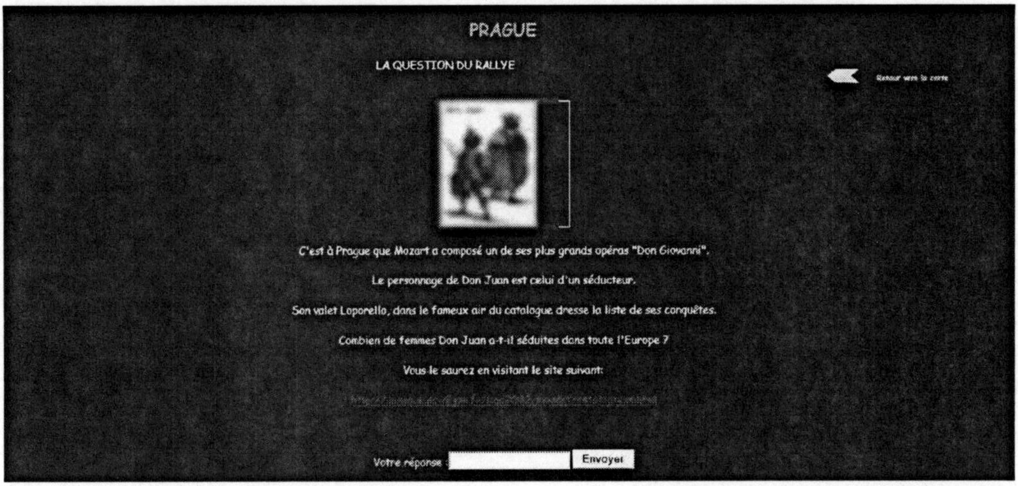

La réponse qui ne comporte généralement qu'un seul mot est à indiquer dans la plage blanche du bas de la page.
Le joueur peut s'y prendre à plusieurs fois pour répondre à l'ensemble des questions et, en fin de rallye, il connaît son score et les bonnes réponses s'il ne les a pas trouvées.
Cette importante réalisation coopérative n'a été possible que grâce à l'appui technique du professeur de technologie. Elle a permis à tous de se perfectionner : les élèves en recherche Internet, moi en création de site.

Ce jeu est encore utilisé avec plaisir par les nouveaux élèves de l'établissement et n'est désormais pas réservé aux seuls amoureux de Mozart, mais constitue également un support ludique d'apprentissage du français et de l'histoire de l'Europe à travers le parcours de vie de ce grand compositeur.

Je ne reviendrai pas sur les bénéfices évidents de ce travail formateur en termes de projet dans la durée ou de B2i. J'ai souvent déploré, dans ma longue carrière, que les travaux que nous réalisions avec les élèves ne soient pas pérennes : trop souvent, sitôt une exposition ou un exposé terminés, les productions passent au panier. Dans le présent projet, tous ceux qui l'ont réalisé peuvent retourner aussi souvent qu'ils le souhaitent sur le site créé et montrer avec fierté le résultat de leur travail à travers cette réalisation collective."

Abracadabra !

Vous connaissiez, bien sûr !
Mais saviez-vous qu'il existe un autre mot magique ? Un qui débouche les oreilles, dilate les pupilles, accélère le rythme cardiaque et réveille les connexions neuronales.
Il me semble que vous avez une petite idée… mais vous faites fausse route !
Un mot qu'il suffit de prononcer pour impulser l'énergie, la soif de lire, l'envie d'apprendre.
D'apprendre !
Ce mot, ou plus exactement ces quatre mots, forment le titre d'un livre. Un livre que le CDI n'a jamais pu garder en rayon : sitôt déposé, il disparaît ! Quand je vous parlais de magie !...
Ah, là, je vous sens interrogateur, perplexe, avide presque.
Vous pensez à *La sexualité sans tabou* ? Cela aurait pu, mais non. Cherchez encore…
Pour ma part, j'ai eu beau le feuilleter dans tous les sens, en lire des extraits représentatifs, je n'ai rien compris ! Car cette magie, comme celle d'abracadabra, s'estompe avec l'âge. Mais nos élèves, j'en ai fait l'expérience, sont encore une cible idéale de magicien.
Ainsi, il me fallait un lot, pour récompenser le gagnant du concours sur l'exposition Zola. Et bien, le jour où le cadeau-surprise devint le cadeau-magique, le taux de participation explosa, les questionnaires s'arrachèrent, la photocopieuse s'étrangla…
Et le CDI remporta le record du plus grand nombre d'élèves se livrant à un travail facultatif !
Le CDI peut donc désormais figurer dans **LE** livre : Le Guiness des records !

Agnès Cornet
Professeure-documentaliste
Lycée Lucas De Nehou (Paris)

Troisième partie - Pratiques pédagogiques

Ecritures nomades

Anne Foucault-Lacoste
Professeure-documentaliste
Lycée Touchard-Washington (Le Mans)

• Vous êtes un vieux livre oublié sur les rayonnages et vous rêvez de devenir un best-seller...
• Dans la librairie, observez discrètement une personne venue choisir un livre et devinez sa vie, sa personnalité...
• Dans un musée, imaginez un dialogue entre deux personnages figurant sur un tableau...

Voici trois consignes d'écriture parmi près de cinquante que nous avons inventées pour faire vivre trois ateliers d'écriture originaux auxquels trente élèves de seconde ont participé.
Mais revenons au début... L'aventure commence un samedi matin d'octobre 2008. Laurence, la professeure de français, a donné rendez-vous à ses élèves à 9 heures devant le musée de Tessé (Musée des Beaux-arts de la ville du Mans). La veille, je suis allée dans la classe pour présenter brièvement le projet « Ecritures nomades » : les élèves apprennent que nous avons décidé de les emmener écrire hors du lycée afin de favoriser une écriture créative et moins scolaire (ce qui ne signifie pas sans contrainte). Ils doivent se munir d'un carnet d'écriture qui sera utilisé toute l'année. Nous serons des nomades bien modestes puisque notre première escapade nous amènera à un quart d'heure du lycée ! Ce sont les seules informations que nous leur donnons. Nous voulons aussi surprendre les élèves...

« Au début, quand on nous a présenté l'atelier d'écriture, je me suis dit : ah la barbe, ça va encore être nul, mais bon, puisqu'on va louper des cours, c'est tout bénef... » (Aurélien, élève de Seconde SES).

Ce n'était donc pas gagné d'avance. Ce samedi matin, il pleut à verse et il fait si froid que tout le monde est soulagé d'entrer au musée. Presque tous les élèves de la classe sont nés au Mans et sont déjà venus dans ce petit musée à l'école élémentaire ! Pour beaucoup, ils n'y sont pas revenus depuis. Chacun reçoit un beau marque-page sur lequel nous avons rédigé à la main la consigne suivante : « Déambulez librement dans le musée et racontez un souvenir lié à cet endroit ou à un autre musée. Vous disposez de trente minutes pour la flânerie et l'écriture ! ». Et les élèves de s'égayer dans tous les sens à la recherche de leurs souvenirs et peut-être d'une certaine nostalgie. Ce qui nous surprend d'emblée, c'est l'implication des jeunes et le calme qui règne. Sans l'avoir mentionné, la

flânerie est individuelle et toute intérieure. Quand nous nous retrouvons tous, certains continuent d'écrire. L'effet de surprise semble avoir fonctionné. Les élèves comparent leurs marque-pages, sont sensibles à l'écriture manuscrite. Curieux de connaître la suite des évènements, ils attendent, assis par terre dans une salle d'exposition vide. Après cette première phase d'écriture, nous demandons à écouter les textes de ceux qui se porteront volontaires. La lecture à haute voix est un pari. Raconter devant les copains une expérience ou un souvenir personnel, cela ne va pas de soi. Évidemment, aucun volontaire ne se désigne. Ma collègue et moi serons donc les premières volontaires car, nous aussi, nous avons écrit notre souvenir de musée en même temps que les élèves. Ensuite, c'est plus facile pour les autres et la lecture se fait dans un climat d'écoute attentive. Je suis très surprise du silence qui est fait autour des lecteurs, étant plutôt habituée à des élèves pas bien méchants, mais le plus souvent bavards ou dissipés. La dynamique de l'atelier est maintenant enclenchée, et nos élèves curieux de découvrir la prochaine étape. Celle-ci nous a demandé beaucoup de travail de préparation : Laurence et moi avons rédigé trente consignes d'écriture différentes afin que chaque élève de la classe ait un parcours individualisé dans le musée. À savoir, chacun se rend devant un tableau précis où, comme dans un jeu de rôle, il est placé dans la peau d'un personnage qui s'exprime : « La grande et belle demeure représentée sur ce tableau est votre maison d'enfance. Vous y avez tant de souvenirs ! Aujourd'hui, vous la quittez pour ne plus y revenir. Exprimez vos sentiments... »
Ultime imprévu, la consigne est tirée au sort.

Devant une grande nature morte aux armures, Mathieu écrit un texte en insistant sur les matières et les sonorités suggérées par les objets : *« Boum, les tambours de guerre résonnent dans ma tête. Les armures s'entrechoquent, les épées se croisent et se brisent. Le fracas des armes rythme la bataille, le cri des hommes mourants est semblable aux violons d'une symphonie maudite. Les trompettes sonnent la seconde vague... »*
Devant une miniature de Jean-Baptiste Forest représentant un homme et une femme dans un paysage bucolique, Samuel imagine un dialogue entre ces deux personnages :
- *« Allons sur le chemin près de la rivière. Là, nous pourrons nous allonger à l'ombre du grand arbre. Tu sais que j'aime cet endroit. Nous pourrons admirer notre ville au loin, son pont et son clocher », chanta la voix de la jeune femme tel un ange.*
- *« Ecoute, nous y sommes déjà. Assis dans l'herbe près de cette rivière, nous voyageons tout en étant immobiles. Nous connaissons ce paysage. Invisible, nous pouvons le voir. Impalpable, nous pouvons le toucher. Inodore, nous pouvons le sentir. Silencieux, nous l'entendons. »*

Certaines consignes ne sont pas dénuées d'humour : « Rendez-vous dans la salle 5 devant le tableau intitulé *Le maraudeur*. Vous êtes la poule terrorisée par ce qui vous arrive ! »
Néanmoins, l'humour des profs n'est pas toujours celui des élèves et ce type de demande n'a pas libéré la veine littéraire qu'on aurait souhaité !

À l'issue de cette seconde phase d'écriture, nous allons tous ensemble refaire un parcours dans le musée en nous arrêtant devant chaque tableau impliqué dans l'atelier. L'élève lit la consigne qui lui était donnée et, s'il le souhaite, lit le texte qu'il a rédigé. Ce texte peut aussi être lu par un autre élève ou par un adulte. À chaque fois, la classe se montre attentive et respectueuse envers celui qui lit.
Au total, nous aurons passé presque trois heures dans ce musée dans un calme et une atmosphère de travail que je ne pensais pas possibles ! Ce jour-là, les élèves m'ont impressionnée. Ils avaient décidé de « jouer le jeu », ils nous avaient fait confiance.

Ce premier atelier décline toutes les caractéristiques pédagogiques de notre projet : imprévu et surprise, plaisir et émotion partagés autour des mots, écriture individuelle (pour que chacun puisse exprimer sa sensibilité, son « jardin intérieur »), pas d'évaluation des carnets d'écriture sauf demande de la part de l'élève, pas d'inscription de notre part sur les carnets (les remarques sont faites sur des *post-it* ou à l'oral), encouragement à l'écriture en dehors des ateliers et des séances de réécriture, encouragement à la créativité par la mise en valeur des textes dans le carnet (exemples : dessins personnels, collages, utilisation de la calligraphie, etc.), encouragement à la lecture. Nous pensons que le dispositif a fonctionné, que les élèves ont pris plaisir à répondre à nos sollicitations. De notre côté, professeure de français et professeure-documentaliste, nous avons aussi pris beaucoup de plaisir à préparer, encadrer et animer ce projet. Le plaisir est un ressort important des apprentissages, un remède contre l'ennui.

« Au début, quand on nous a présenté l'atelier d'écriture, je me suis dit : ah la barbe, ça va encore être nul, mais bon, puisqu'on va louper des cours, c'est tout bénef... Mon avis changea du tout au tout dès le premier atelier et plus encore au deuxième et au troisième » (Aurélien, élève de Seconde SES).

Nous avons fait le second atelier au deuxième trimestre, un samedi matin encore. Nous avions donné rendez vous aux élèves au CDI, à 9 heures. Ils ne savaient pas où nous allions et j'entendais certains dire : *« on va peut-être aller écrire à l'hôpital »* ou bien *« en prison » !* Ils avaient mordu à l'hameçon ! Quand je leur ai dit que nous allions dans une librairie, ça leur a semblé évident (*« je le savais, je vous l'avais dit »*), mais je n'ai pas vu de déception. Il n'était pas question d'emmener trente jeunes dans la même librairie. Nous avions donc préparé notre atelier avec deux libraires du Mans et, là encore, c'est le tirage au sort qui a constitué les groupes. La matinée a été répartie en quatre moments : une phase d'écriture individuelle à partir d'une consigne qui s'intéressait à la librairie en tant que lieu de vie des livres (quel est votre endroit préféré dans la librairie ; pour faire une bonne librairie, il vous faut... Déclinez votre texte à la façon d'une recette de cuisine...), un moment de lecture à voix haute des textes avec dégustation d'un chocolat chaud (succès et reconnaissance assurée !) car chacune des librairies dispose d'un espace salon de thé, le choix d'un livre dans la librairie par chaque élève afin d'en rendre compte ultérieurement à la classe (ces livres ont été achetés par l'établissement), enfin un dernier moment d'écriture où il était demandé d'observer les personnes venues choisir un livre dans la librairie.

Voici ce qu'Isabelle a écrit :
« Mon endroit préféré dans les librairies reste le coin des enfants. Ces livres me replongent dans mon enfance, une enfance que je ne voulais pas quitter. Cet espace pour enfants se repère de très loin avec toutes ces couleurs et ces personnages qui ressortent. Alors je me pose sur un petit fauteuil, trop petit pour moi. Je regarde tout autour de moi et je me mets à rêver. Winnie l'ourson, Martine et Fantômette me regardent quoique bien surpris de voir une personne de quinze ans assise là ! »

Ce jour-là, les élèves ont passé presque trois heures à la librairie alors que certains n'y mettent habituellement jamais les pieds et tous sont repartis avec un livre. Plus tard, au CDI, ils nous ont fait partager leur enthousiasme ou au contraire leur déception de lecture et m'ont remis une plaquette de présentation des livres « à la façon des libraires ».

Le troisième atelier est celui que les élèves ont préféré : nous sommes allés écrire « au jardin », dans le parc de la Garenne-Lemot à Clisson (Loire-Atlantique). Enfin, on sortait du Mans ! Et puis, il faisait un temps superbe, le printemps était là. La flânerie était de nouveau au rendez-vous, comme au musée.
« Sous le signe de l'écriture, nous sommes allés à Clisson. Le paysage que nous offre cette ville est tout simplement magnifique. L'inspiration est donc venue sans aucun problème. Nous avons dû décrire le paysage qui nous semblait le mieux et aussi le représenter par un dessin... » (Elodie).

Ce jardin se prête très bien au thème du romantisme en français et il permet d'appréhender la notion de « ruine romantique » chère aux écrivains et aux artistes du XVIIIe siècle. Nous sommes rentrés la tête pleine d'images et, comme la fin de l'année approchait à grands pas, nous avons décidé, en accord avec la classe, d'exposer les carnets d'écriture au CDI, accompagnés des dessins et photographies.

Les carnets d'écriture n'étant pas évalués par une note, il fallait néanmoins valoriser et juger le travail des élèves. Laurence, l'enseignante de français, et moi avons donc lu et commenté tous les travaux de la classe. Puis, dans un second temps, nous avons sélectionné une double page de chaque carnet afin de rendre compte de notre démarche et de donner un aperçu d'ensemble des trois ateliers pour l'exposition. Un modeste vernissage, en présence des professeurs de la classe et du proviseur, a clôturé le projet avec force gâteaux (confectionnés par les élèves) et jus d'orange.

La collègue de français, a apprécié de sortir du cadre du lycée pour emmener les élèves vers plus de créativité. L'effet de surprise et d'imprévu a été un point très positif de l'expérience. « L'atelier d'écriture a modifié le rapport avec les élèves. Il a soudé la classe. »

Vous devez penser (peut-être) qu'il y a forcément des choses qui n'ont pas fonctionné ! Oui, nous n'avons pas fait tout ce que nous voulions. Ainsi, nous aurions voulu faire davantage réécrire les élèves entre chaque atelier et leur donner les moyens d'une vraie mise en valeur graphique et plastique des écrits (calligraphie, mise en couleur, fabrication de carnets, etc.). Nous avons manqué de temps, d'organisation et de budget.

Vous devez penser (peut-être) : que vient faire une professeure-documentaliste dans un projet d'écriture, c'est le domaine des professeurs de français, non ? L'autre façon de poser la question, c'est de dire : quelle est la légitimité du documentaliste là-dedans ? Spontanément, j'ai envie de répondre de façon un peu abrupte : ma légitimité, c'est celle que je construis, par ce que j'apporte à un projet dans sa préparation puis sa réalisation, par ce que j'apporte aux personnes avec qui je travaille et avec qui je partage ce projet, les professeurs et les élèves. Puis de façon plus « posée », je répondrai que la thématique de l'écriture est bien sûr étroitement liée à celle de la lecture, un champ que les documentalistes investissent traditionnellement. La médiation en faveur du livre a tout à gagner en s'enrichissant de la dimension de l'écriture et les documentalistes ont toute leur place dans les dispositifs qui visent à développer les capacités d'expression des élèves. L'écriture peut ensuite leur permettre de mieux aborder la lecture en se mettant dans la peau de l'auteur, en endossant son regard.

L'année prochaine, je recommence...

Les voyageurs sédentaires

Ceux-là n'hésitent pas à passer la frontière, largement ouverte, du CDI.
Munis de leur passeport, ils s'offrent tous les voyages. À travers le temps et l'espace, ils découvrent des mondes inconnus, naviguent vers des destinations lointaines ou proches, à la rencontre d'autres milieux, d'autres paysages, d'autres personnages, d'autres images.
En quelques mois, ils font le tour de la terre, séjournent en Chine, aux États-Unis, ou en Suède. Ils explorent de nouvelles sensations, visitent l'étendue des émotions humaines, cherchent à comprendre l'étrange, participent à des odyssées hors du commun.
Sagement assis, l'air de rien, les voyageurs sédentaires sont intensément vivants. Isolés du monde réel, abrités derrière un paravent de mots imprimés, ils ne sont plus là pour personne.
Tellement loin déjà, dans l'Ailleurs.
Seule la sonnerie, stridente, les arrache brutalement à leur aventure.
Le voyage s'interrompt alors… jusqu'à la prochaine étape.
Au retour d'un périple, le club réunit ses globe-trotters. C'est l'occasion d'ouvrir ses bagages, d'en sortir ses souvenirs et de raconter ses pérégrinations.
Une escale où se confrontent les récits, où s'échafaudent les rêves, où se préparent les prochains départs. Avec enthousiasme, chaleur et ardeur.
Celle du club des lecteurs.

Agnès Cornet
Professeure-documentaliste
Lycée Lucas De Nehou (Paris)

L'appropriation spatiale et culturelle du quartier : le rallye

Philippe Marhic[62]
Professeur-documentaliste
Collège Mozart (Paris)

En arrivant au collège, les élèves de sixième découvrent non seulement un nouvel établissement, mais également un nouveau quartier le plus souvent. Il leur faut dès lors apprendre à se repérer géographiquement, mais c'est également l'occasion pour eux d'apprendre à se repérer historiquement parmi tous ces nouveaux noms de rues. Ces prises de repères spatio-temporelles ne peuvent être négligées. L'étude du plan et du quartier figurent d'ailleurs au programme de 6ème. Existe-t-il de meilleurs outils que ceux mis à disposition par le CDI pour faire d'une pierre trois coups ? En effet, l'approche de terrain ne peut s'avérer efficace que doublée d'une approche culturelle. Or, le CDI contient tous les documents nécessaires à cette dernière. Nous proposerons donc une collaboration avec le professeur d'histoire pour mener cette tâche à bien.

Un moyen simple et éprouvé, mis en place dès les tous premiers jours de prise de contact, consiste en la réalisation d'un rallye. Au préalable, les professeurs-documentalistes et d'histoire auront effectué une reconnaissance du terrain. Le professeur d'histoire aura ainsi repéré les lieux historiques intéressants à signaler, les rues pertinentes à traverser... et le professeur-documentaliste se sera assuré de disposer au CDI de tous les documents évoquant ces lieux et rues ainsi que leur histoire. Ce dernier assurera également en nombre suffisant la reproduction de plans du quartier qu'il intégrera dans sa formation comme étant un micro-élément menant, plus tard, à l'introduction des atlas.

Pour la phase de terrain, les élèves seront répartis en groupes encadrés d'autant d'adultes qu'il y aura de groupes. Le CPE et quelques parents d'élèves peuvent participer à l'opération une fois toutes les démarches administratives utiles effectuées. L'équipe d'encadrement fournira à chaque groupe d'élèves un plan du quartier (annexe 1), un questionnaire à remplir sur le terrain (document 2), une feuille de route (document 3).

Sur le plan de quartier, chaque étape sera indiquée par un numéro attribué de manière aléatoire. Chaque équipe choisira l'itinéraire à sa convenance lui permettant de rallier le plus d'étapes possibles dans le temps imparti. Variante :

---

62 Professeur -documentaliste, enseignant à l'Université Paris 12 Val-de-Marne, Président de l'association Horizon Sémiologie, auteur de *L'enseignement individuel, une alternative à l'échec scolaire*, Paris, L'Harmattan, 2009, 292 p.

les étapes seront numérotées dans des ordres différents pour chaque équipe qui devra alors les rallier dans l'ordre des numéros.

Chaque équipe devra répondre au questionnaire en s'aidant des affichages et inscriptions sur le terrain. Il sera également possible de demander de l'aide ou des informations aux passants ou aux personnes présentes sur le site afin de permettre aux élèves, dans une ambiance de convivialité, de développer des compétences relationnelles, linguistiques et civiques.

La feuille de route comportera les conditions de réalisation de la recherche et les horaires et points de ralliement ainsi qu'un numéro de téléphone pour contacter un responsable en cas de problème. Pour plus de facilité, la feuille de route et le questionnaire seront imprimés sur un seul et même document.

Les équipes d'élèves seront constituées selon un principe de mixité afin de réaliser un brassage permettant une bonne intégration tout en évitant le regroupement d'anciennes connaissances. Il y aura donc dans chaque groupe aussi bien des filles que des garçons, des élèves en difficultés scolaires, de nouveaux arrivants dans le pays ou le secteur scolaire.

De retour au CDI, les élèves pourront effectuer une recherche complémentaire avant que les réponses apportées au questionnaire soient vérifiées lors d'un tour de table. Un point sera comptabilisé par bonne réponse. Des questions subsidiaires départageront les *ex æquo* avec possibilité d'utiliser dictionnaires et encyclopédies (le point sera alors attribué au premier groupe qui aura trouvé la bonne réponse).
On peut envisager qu'un certain nombre de questions ne soit traité qu'au CDI. Ainsi, on pourrait faire rechercher le nom de certaines rues afin de savoir qui était la personne qui leur a donné leur nom. Ces questions complémentaires ne seront alors distribuées qu'au retour au CDI.

On prévoira des prix à remettre avant un goûter de clôture de rallye. L'idéal serait, bien entendu, des livres sur l'histoire du quartier ou les personnages célèbres ayant un rapport avec le quartier.

Dans l'exemple ci-dessous, nous vous proposons quelques pistes d'organisation pour un rallye dans le quartier de Montmartre à Paris. La préparation du rallye peut être effectuée avec l'aide de la mairie : remise de plans. À Paris, la disposition de panneaux historiques (dits « sucettes » du fait de leur forme) dans les rues facilite l'établissement du questionnaire.

Annexes

Annexe 1 : plan municipal du quartier

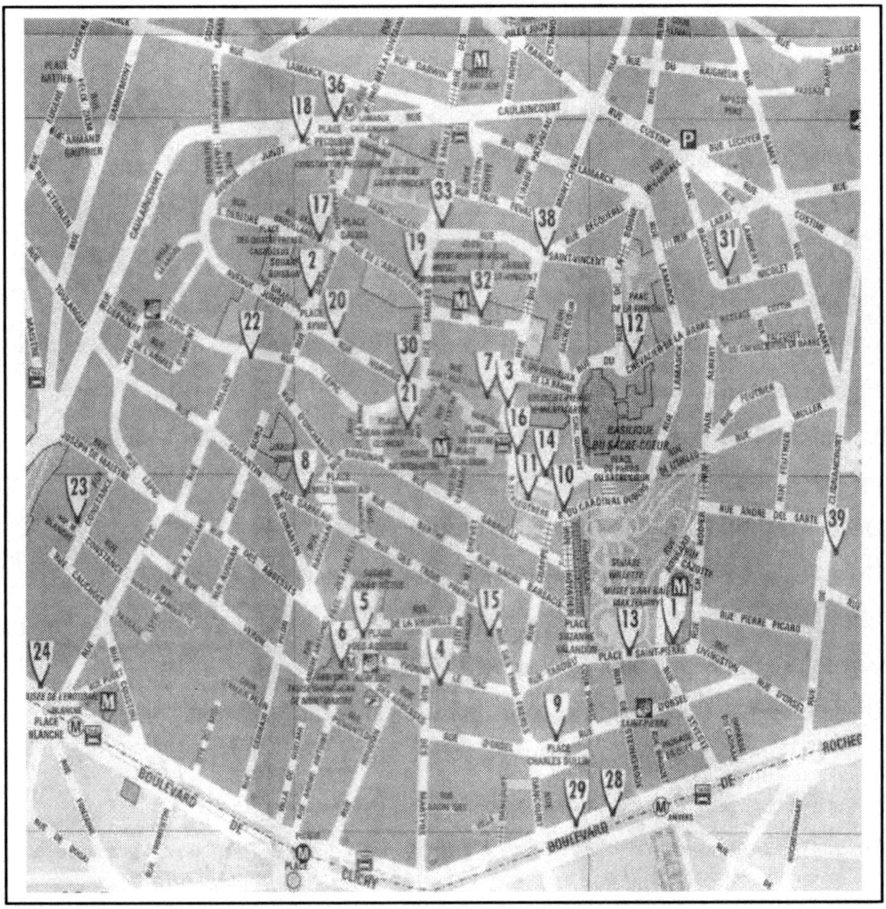

(DR)

Annexe 2 : questionnaire élèves

Questions

1 D'où vient le nom de Montmartre ? Citez trois hypothèses.

2 Qui était saint Denis ? Quelle est sa légende ?

3 Quand a été construite la tour du télégraphe de Chappe de l'église bénédictine ?

4 Quand et par qui furent créées les mairies parisiennes ?

5 Combien d'années furent nécessaires pour construire la basilique du Sacré-Cœur ?

6 Pourquoi le chevalier de la Barre fut-il torturé et exécuté en 1766 ?

7 Comment s'appelait la rue du Chevalier de La Barre avant 1907 ? Quels sont les deux généraux qui y ont été fusillés en 1871 ?

8 Quel ministre participe et quel écrivain assiste au vol du ballon Armand Barbès ?

9 Que font la foule et les soldats le 18 mars 1871 ?

10 Quel cimetière n'ouvre ses portes qu'un jour par an ? Et quel jour ?

11 Qu'est-ce qui provoque les brumes autour du Château des Brouillards ?

12 Citez au moins trois artistes ayant vécu ou ayant exercé leurs activités artistiques dans la zone baptisée « le maquis » au XIXe siècle.

13 Que représentent la plupart des toiles peintes par Maurice Utrillo?

14 Qui est l'auteur du *Passe-Muraille* ?

15 À quoi sert la Mire du Nord qui remplace le Poteau de la méridienne ?

16 En quoi les docteurs Pinel, Prost et Esprit Blanche rompent avec la tradition médicale ?

17 Quels sont les deux écrivains qui décèdent sur scène en représentant la même pièce ? De quelle pièce s'agissait-il ?

18 Citez deux anciens noms, officiels ou usuels, de la célèbre auberge Le Lapin Agile.

19 Où est enterré l'ancien propriétaire du pavillon de Bavière ? Quel était son animal favori ?

Annexe3 : feuille de route élèves

En cas d'urgence, joindre Madame Gépéhesse au 06 18 27 .....

Feuille de route

Les numéros du questionnaire correspondent aux numéros des panneaux historiques figurant sur le plan.

Membres de l'équipe :
1/ ………………………………………….
2/ ………………………………………….
3/ ………………………………………….
4/ ………………………………………….
5/ ………………………………………….

Encadrement :
Mme ou M. ………………………………………….

Heure de départ : ………………………………………….
Heure d'arrivée : ………………………………………….. **(Au plus tard à : ………… h)**

Lieu d'arrivée : la place la plus proche du panneau n° 24

Annexe 4 : mémento pour les organisateurs

Déroulement du rallye

Matériel à prévoir :

- feuilles de route,
- questionnaires,
- plans du quartier,
- stylos ou crayons,
- listing avec le contenu des lieux à visiter et panneaux historiques,
- prix pour les gagnants,
- budget « goûter » en fin de rallye (éventuellement).

Rendez-vous de départ le lundi 12 septembre au métro Lamarck-Caulaincourt à 8h30.

Appel, puis établissement d'équipes de 5 élèves plus un encadrant.

Remise à chaque équipe d'un crayon/stylo, d'une feuille de route comportant 15 questions portant les numéros de 15 panneaux historiques de l'arrondissement sur lesquels on pourra trouver les réponses + le plan sur lequel figure la localisation de ces panneaux.

Rendez-vous sur la place la plus proche du panneau n°24 (place Blanche) dès la feuille de route complétée… au plus tard à 11h30. Attribution des points de bonus pour les équipes les plus rapides.

Après-midi : rendez-vous au CDI.

Recherches complémentaires + faire rechercher qui étaient…. (10 noms de rues) et ce qu'ils ont fait.

Vérification des réponses des différentes équipes (1 point par bonne réponse) + questions subsidiaires éventuelles.

Notation : 1 point par bonne réponse + un nombre de point dégressif à partir de 5 en fonction de l'ordre d'arrivée (= bonus de rapidité). En cas d'*ex aequo*, une (ou des) question(s) subsidiaire(s) départageront les gagnants de retour au CDI :

- Quel célèbre martyre a été décapité à Montmartre ? (saint Denis)
- Quel événement historique s'est déroulé à Montmartre en 1871 ? (La Commune)
- Citez un visiteur célèbre de Montmartre (Thomas Becket, Charles VI, Jeanne d'arc, François Xavier, Marie-Louise de Montmorency… cf. notre liste de panneaux)
- Quel était l'ennemi de Paul Verlaine ? (Arthur Rimbaud)

Goûter de fin de journée : bilan du rallye et réponses aux questions des concurrents.

Remise des prix après décompte des points.

Annexe 5 : feuille réponse pour les correcteurs

Réponses

1 : Mons Mercurii, Mons Martis, ou Mont des Martyrs.

2 : Le premier évêque et missionnaire envoyé par le pape Clément. Une tradition orale lui attribue l'évangélisation de la région parisienne. Il serait mort décapité en 273. Sans cesser de prêcher, il aurait ramassé sa tête coupée afin de la porter jusqu'à la fontaine.

3 : En 1794, lors de la révolution.

4 : Le 12/11/1789 par l'Assemblée nationale.

5 : Première pierre posée en 1875, consécration en 1919, soit 44 ans.

6 : On l'a accusé d'avoir chanté des chansons impies et d'être passé devant une procession de capucins sans ôter son chapeau.

7 : Rue des Rosiers – Les généraux Lecomte et Clément Thomas.

8 : Gambetta et Victor Hugo.

9 : Elles fraternisent et désarment les officiers versaillais de l'assemblée monarchiste envoyés par Thiers.

10 : Le cimetière du Calvaire, le 1er novembre.

11 : Les vapeurs d'eau provenant des sources avoisinantes au contact de l'air frais.

12 : Van Gogh, Steinlen, Van Dongen, Modigliani, Isadora Duncan.

13 : L'essentiel de son œuvre est une description des rues de Montmartre, animée d'un souci de perfection dans le réalisme proche des peintres naïfs.

14 : Marcel Aymé.

15 : À prendre les mesures pour établir une carte de France.

16 : Ils remplacent l'emprisonnement enchaîné par des traitements mentaux / moraux.

17 : Molière et Claude de la rose, dit de Rosimond – *Le malade imaginaire.*

18 : Le Cabaret des Assassins et le Lapin à Gui.

19 : Au cimetière Saint-Vincent - Le chat.

20 : Institutrice, directrice d'école, ambulancière, conseillère politique au comité de vigilance de Montmartre sous la Commune, combattante sur les barricades, écrivain - Montmartre à Paris, Nouvelle Calédonie, Londres, Marseille.

Annexe 6 : « sucette » historique à Paris

Des bédéphages en rage

Ce matin en arrivant au collège, ils ne se doutaient pas du sale coup qui les attendait.
À leur première heure de libre, ils se sont précipités au CDI.
Comme à l'accoutumée, ils se sont rués sur le bac des bandes dessinées.
Mais là, consternation !! Certes il y avait bien des livres. Des documentaires sur la science, et puis des documentaires sur la science, et encore sur la science, et rien que sur la science. Et ils avaient beau chercher au milieu de tous ces livres, impossible de retrouver Gaston, Bill, Alix, Natacha... Tintin ! Ils avaient tous disparus ! Ils n'y croyaient pas. Ils faisaient un tour sur eux-mêmes, embrassant, d'un regard affolé, l'espace périphérique de la zone sinistrée. Ce n'était pas possible... Les B.D. avaient sûrement été déplacées de quelques mètres, ils allaient les retrouver...
Mais non !
Sortant de leur torpeur, les plus courageux s'enhardissaient et venaient aux nouvelles : que s'était-il passé ? Y'avait-il une explication logique à cette disparition massive ? Quelqu'un savait-il où elles étaient ? Allaient-elles revenir ? Quand ?
D'autres, moins téméraires, se jetaient sur les revues, pensant calmer leur état de manque. Mais ils se relevaient, s'agitaient, y retournaient, espérant toujours trouver, ne serait-ce qu'un *Petit Spirou*, caché entre une éprouvette et une galaxie.
D'autres enfin, les plus dépendants, s'effondraient sur le fauteuil le plus proche, abattus.
Désemparés et las, tous n'attendaient qu'une chose : que cette maudite semaine, celle de la Science en fête, s'achève enfin, et que tout rentre dans l'ordre.
À n'en pas douter, de toutes les ressources matérielles et humaines qui peuplent le CDI, c'est la disparition des bandes dessinées qui affecte le plus les élèves !
Je fus touchée, malgré moi, par leur émoi. Et je promets, à l'avenir, de ne plus faire de blague aussi méchante.
Quoique ...

Agnès Cornet
Professeure-documentaliste
Lycée Lucas De Nehou (Paris)

Une Case en Plus
Pour un peu plus de bande dessinée à l'école...
Compte rendu d'un Prix BD des lecteurs

Agnès Deyzieux
Professeure-documentaliste
Cité scolaire Washington-Touchard (Le Mans)

Passionnée de bande dessinée depuis de longues années et investie dans de nombreux projets autour de ce média, j'ai proposé à un groupe de documentalistes intéressés par le sujet d'organiser un prix des lecteurs de bandes dessinées. Dans le cadre des Journées de Rencontres Locales, nous nous sommes mis d'accord sur un niveau ciblé - les élèves de 3ème et 2e -permettant ainsi à tous les établissements scolaires (collèges, lycées et lycées professionnels) de pouvoir s'inscrire dans le dispositif proposé. Nous avons retenu comme titre Une Case en Plus, affichant ainsi notre volonté de promouvoir la bande dessinée dans l'univers scolaire plutôt réticent et frileux à son égard. Nous avons voulu faire de ce Prix bien plus qu'un Prix « classique » des lecteurs en engageant un véritable travail transdisciplinaire pour aller vers une approche approfondie de la bande dessinée comme langage narratif.

Objectifs

Une Case en Plus offre deux niveaux possibles de participation :
Le premier (classique) consiste à favoriser, par le vote, la lecture des élèves. Amener n'importe quel élève intéressé à lire une sélection de bandes dessinées avec comme objectif implicite de lui faire découvrir des titres vers lesquels, *a priori*, il ne se serait pas tourné et l'engager à participer au vote. Le rôle du professeur-documentaliste est ici de coordonner l'action (mise à disposition des titres en plusieurs exemplaires au CDI, communication autour du Prix, présentation des titres dans les classes, mise en place des bulletins de vote, dépouillement...)

Pour le second niveau, l'idée voudrait que le prix lance une dynamique dans les établissements scolaires inscrits, permettant de stimuler des animations et séquences pédagogiques pluridisciplinaires autour des albums sélectionnés et de la bande dessinée en général. C'est pourquoi au moins une classe par établissement participant au Prix doit être concernée par ce travail interdisciplinaire autour de la bande dessinée.
Dans cette optique, nous avons choisi de privilégier un double axe pédagogique qui fera appel à des compétences différentes et complémentaires des élèves. L'idée est que ces derniers puissent approcher les œuvres avec une démarche analytique et une créativité personnelle. Les séquences pédagogiques proposées

sont donc tournées vers l'étude des bandes dessinées et vers la mise en œuvre d'un travail graphique ou plastique.

L'objectif du premier axe est d'acquérir des notions graphiques, narratives, esthétiques, historiques propres à l'étude de la bande dessinée et de l'image pour amener les élèves à être capables d'analyser un récit en bande dessinée (travail sur la mise en page, la séquentialité, les relations texte/ images…).

L'autre axe s'appuie sur une démarche plus intuitive, faisant davantage appel à l'imagination des élèves. Parallèlement à leurs lectures, ils sont amenés, avec leur professeur d'arts plastiques, à créer eux-mêmes des œuvres inspirées directement de leurs lectures et prolongeant ces univers (maquettes, affiches, boîtes à ambiances, etc.).

L'aspect « analyse de l'image de bande dessinée » en coopération avec les enseignants de Lettres est donc privilégié, mais la créativité des élèves, avec comme acteur clé l'enseignant d'arts plastiques, est aussi stimulée.
La professeure-documentaliste joue ici un rôle moteur dans la mise en œuvre de ce travail transdisciplinaire : recherche de partenaires et de professeurs souhaitant s'impliquer avec une classe dans cette action, coordination de ce projet, formalisation des séquences (dans l'objectif d'une mutualisation au sein du groupe de pilotage).

Aspects pratiques

Modalités
10 albums ont été sélectionnés par le comité de pilotage de documentalistes en juin.
Les critères de sélection tiennent compte de l'âge du public visé, l'idée est de favoriser la diversité des titres (genres de récits, auteurs de nationalités différentes, styles graphiques divers...) et de refléter l'actualité éditoriale (albums publiés dans les 2 années précédentes au maximum).
Les titres de la sélection 2008-2009 sont :
Vehlman et Gazzoti. - *Seuls, 1.* - Dupuis
Larcenet. - *Nic Oumouk, 1.* – Dargaud
Abouet et Oubrerie. - *Aya de Yopungo,1.* - Gallimard (Bayou)
Tan Shawn. - *Là où vont nos pères*. - Dargaud (Long courrier)
Pedrosa. - *Trois ombres*. - Delcourt (Shampooing)
Satrapi. - *Persepolis, 1.* - L'Association, 2000. (Intégrale)
Morinaga. - *Le fabuleux destin de Taro Yamada, 1.* - Tonkam. (Manga)
Kang Full.- *Appartement, 1.* - Casterman (Hanguk). (Manwha)
Tanaka. - *Glaucos, 1.* - Glénat manga (Seinen). (Manga)
Kawaguchi. - *Zipang, 1.* – Kana. (Manga)

Calendrier
Chaque CDI des établissements concernés met à disposition les titres sélectionnés (un ou plusieurs exemplaires) vers octobre. Les élèves s'engagent à lire les 10 titres et participent au vote sous forme d'un bulletin individuel et anonyme à partir de février. Fin des votes en mars. Palmarès : 30 mars. Si tous les élèves sont invités à participer, seuls les votes des troisièmes et secondes seront retenus au niveau du palmarès départemental.
Les documentalistes organisent les séquences pédagogiques de la classe inscrite selon leur calendrier propre. La seule contrainte étant de respecter les dates calées pour le dépouillement du vote et l'exposition finale qui regroupera dans un lieu commun tous les travaux des élèves.

Communication
Un logo du Prix, un bulletin de vote, une affiche, des carnets de lectures pour les élèves ont été élaborés par le comité de pilotage dans un souci d'harmonisation et de mutualisation (cf. Annexes).
Les séances pédagogiques élaborées par les documentalistes et les professeurs de disciplines sont mises en ligne sur un blog commun où toutes les fiches sont téléchargeables. Adresse : http://ledock.blogspot.com
Notre projet *Une Case en Plus* est en ligne sur le site de l'Académie de Nantes, *Espace pédagogique, Action culturelle.*

Mise en œuvre du projet

Pédagogie
Formatrice au sein d'une association (Bulle en Tête, qui développe des stages à destination des professionnels du livre) et consciente de la diversité et de l'hétérogénéité des connaissances et compétences de chacun concernant la bande dessinée, j'ai organisé une mini-formation à destination de mes collègues, leur transmettant des outils et des méthodes leur permettant de comprendre et d'enseigner quelques notions essentielles concernant l'analyse de la bande dessinée. J'ai conçu un diaporama abordant plusieurs aspects incontournables (cadre, cadrage, plan, point de vue, découpage et mise en page) que chaque professeur-documentaliste a pu s'approprier et qui a servi de point de départ commun de travail avec les élèves, permettant ainsi d'amorcer l'étude des bandes dessinées sélectionnées.
À partir de cette base commune (issue de la mini formation et du diaporama), les professeurs-documentalistes ont donc assuré, à leur tour, la formation des élèves au langage de la bande dessinée (séances de 1 à 3 heures). Puis, chacun a élaboré avec un ou plusieurs enseignants de son établissement des séances d'étude sur les albums de la sélection. L'album *Là où vont nos pères* a attiré de nombreux professeurs de français et d'histoire : son thème (l'immigration), son mode narratif (bande dessinée muette, images travaillées à partir de documents

photographiques), son univers fantastique et poétique en étaient les atouts. D'autres ont travaillé sur les incipit de quelques albums et les hypothèses de lecture, d'autres encore sur des personnages ou des thèmes (l'Afrique avec *Aya de Yopougon*, l'autobiographie avec *Persepolis*…). Quelques professeurs ont mis en place un carnet de lecture permettant à chaque élève de noter ses impressions au fur et à mesure de la découverte des albums.

De quelques séances ponctuelles par classe à une quinzaine de séances pour d'autres, jusqu'à la troisième spéciale option bande dessinée du collège de la Foresterie (Bonnétable), où la bande dessinée a été intégrée comme progression et support pédagogique dans presque toutes les disciplines, le projet présente une variété de rythmes et de réalisations (cf. Annexe ci après pour avoir un exemple de déroulé de séances d'un lycée).

En plus de nombreuses productions écrites (affiches, entretiens, chroniques, diaporamas, travaux poétiques…), chaque classe engagée a bien réalisé, encadrée par le professeur d'arts plastiques, un ensemble de productions libres : affiches, boîtes à atmosphère, maquettes reproduisant une scène d'un album, jeux, photos insolites, maquettes de coiffures, modelages, mobiles… Tous ces travaux, dont la richesse et la diversité sont à souligner, ont été regroupés et présentés dans une exposition finale (au lycée Montesquieu du Mans, en avril 2009) que les 2/3 des classes concernées ont pu visiter. (Le diaporama de cette exposition sera prochainement en ligne sur le blog Une Case en Plus).

Partenariat

De nombreux partenariats ont été noués en cours d'année, en particulier avec des médiathèques (La Ferté Bernard, St Calais, Bessé, Le Mans, Allonnes…) qui ont souhaité intégrer notre projet en faisant participer leurs lecteurs au vote. Nous ne pouvons que nous réjouir de cet intérêt.

Un partenariat a été mené avec *Le Maine Libre* qui, non seulement a communiqué autour du projet Une Case en Plus (articles sur le lancement du Prix et la visite d'un auteur), mais a aussi publié de façon quotidienne, pendant 10 jours, les chroniques d'albums écrites par les élèves d'un lycée du Mans. Ce partenariat sera probablement renouvelé l'an prochain, tant il est vrai qu'il est très stimulant pour les élèves d'être publiés dans un quotidien qu'ils connaissent bien.

Rencontre

Trois classes d'établissements du Mans ont rencontré un auteur de la sélection, Marguerite Abouet (*Aya de Yopougon*), rencontre particulièrement appréciée par les élèves, vu l'humour et la simplicité de l'auteur, la chaleur et l'intérêt des débats autour de la vie quotidienne en Afrique, des relations garçon/fille, de l'exil, du métier de scénariste… Des élèves ont préparé des gâteaux qu'ils ont partagés tous ensemble. L'interview réalisée par une classe sera retranscrite dans *Intercdi* puis mise en ligne. Les trois établissements ont mis en commun leur budget pour rendre possible cette rencontre. Remercions ici l'auteur qui a si aimablement accepté de participer à cette journée marathon !

Palmarès

C'est finalement l'aspect le plus simple du Prix à gérer ! Chaque établissement ou médiathèque donne au groupe les résultats de son dépouillement qui sont mis en commun lors d'une JRL à préciser. C'est le manhwa[63] de Kang Full, *Appartement*, qui a recueilli le plus de suffrages cette année et qui a donc été proclamé dans tous les CDI comme la bande dessinée préférée des élèves. Choix intéressant car il met l'accent sur la bande dessinée coréenne encore peu connue en France. Sa forme (au départ récit publié via Internet) et son genre (thriller) apparaissent en phase avec notre public.

Points forts/points faibles de Une Case en Plus

Pédagogie

L'importance du nombre d'établissements participant (15 établissements engagés dans le département dont 7 lycées/lycées professionnels et 8 collèges[64], 28 classes concernées, 515 votants) montre l'intérêt du projet et l'investissement des professeurs-documentalistes pour le mener à bien.

Voici quelques unes des réflexions issues du bilan commun de fin d'année :

-La grande majorité du groupe de pilotage souligne l'intérêt de l'axe « analyse/lecture de l'image » qui attire les professeurs de Lettres et l'aide que le diaporama commun a apporté au démarrage du projet.

-Quelques-uns précisent que le projet a l'avantage de proposer :

- un cadre de travail interdisciplinaire stimulant, tout en laissant une certaine liberté à chacun pour le mener à bien,
- des titres qui permettent de développer des thèmes dans l'année (immigration, histoire, autobiographie...),
- une mutualisation des séquences pédagogiques via le blog qui présente une aide appréciable.

-La rencontre avec un des auteurs de la sélection a été vraiment un des points forts de ce projet pour trois classes. Le travail en amont comme en aval de la rencontre est évidemment important et donne tout son sens à ce temps fort. Reste que les élèves sont extrêmement sensibles, impressionnés, stimulés par ce face à face avec un auteur. Nous essaierons de maintenir et d'élargir ces rencontres... si nos budgets le permettent !

---

[63] Bande dessinée coréenne

[64] Collège de Ballon, collège de Bessé/Braye, collège de Bonnétable, collège de la Ferté Bernard, collège de Pontvallain, collège de Sablé, collège de Marolles, collège du Villaret/Le Mans, Lycées Touchard/Washington, Lycée Bellevue, Lycée Funay, Lycée Sud/Le Mans, Lycée Malraux d'Allonnes, Lycée de Sablé, Lycée de la Ferté Bernard.

-Certains professeurs-documentalistes soulignent la difficulté de travailler avec les autres professeurs « ensemble et non pas côte à côte », du manque de temps, des commandes « au pied levé », de la difficulté à se positionner face aux professeurs avec des exigences, de la nécessité des mises au point pour définir rôle et attentes de chacun…

Mutualisation et coordination

Le groupe de pilotage de professeurs-documentalistes est soudé et motivé, point essentiel pour la réussite de ce projet. Or, pour améliorer nos séances et mutualiser, nous avons besoin de temps en commun ! Et les trois journées de rencontres locales offrent un cadre de travail très limité. Nous tentons d'organiser, pour l'an prochain, un stage de bassin regroupant les quinze documentalistes du groupe de pilotage (public désigné) qui sera peut-être ouvert aux enseignants engagés dans le projet. Au programme : repères graphiques et narratifs de la bande dessinée et du manga, élaboration de séquences pédagogiques à partir de la sélection 2009-2010.

Nous continuerons à mettre en ligne, via le blog *Le Dock*, les séances pédagogiques réalisées et à partager. Cela demande un gros effort de formalisation et de lisibilité de la part des documentalistes, travail souvent difficile à tenir dans la pression des tâches quotidiennes…

Communication

À l'image du Lycée Sud (Le Mans) qui a mis en place, au cours de l'année, un blog regroupant toutes les analyses critiques des albums réalisées par les élèves, nous aurons, l'an prochain, un blog commun Une Case en Plus à destination de tous les élèves participant au projet. Ce blog (via Le Web pédagogique) sera à la fois un portail BD facilitant leurs recherches (liens vers des sites BD, critiques, réflexions autour des albums…) et un blog alimenté par les chroniques et les articles d'élèves. Tous les professeurs-documentalistes communiqueront donc à l'administratrice de ce blog les travaux de leurs établissements respectifs et les liens qu'ils jugeront utiles.

Le calendrier

Contrairement aux idées reçues, le fait que la bande dessinée soit au cœur du projet n'est pas en soi, ni forcément, une source d'attraction importante pour les élèves. La motivation des élèves sur un temps assez long est aussi difficile à soutenir. Chaque documentaliste, après avoir pris connaissance du calendrier commun, pourra être à même de réajuster et de raccourcir les délais en fonction de son public.

La sélection des titres

Certaines œuvres s'avèrent difficiles pour les élèves les plus jeunes, en particulier les 3èmes de lycées professionnels. Nous en sommes conscients et tenteront d'équilibrer au mieux la sélection, mais mêler des œuvres grand public, d'accès facile, et des œuvres plus complexes (roman graphique, autobiographie, bande dessinée muette...) est aussi ce qui fait l'intérêt de ce Prix.

Les professeurs souhaitent des œuvres plus en phase avec leurs programmes. « Il faut trouver le bon équilibre entre une vision trop scolaire (mais qui permet de travailler avec les professeurs) et une liberté peut-être plus créative ». À nous, là aussi, de tenter d'équilibrer au mieux cette sélection avec des bandes dessinées qui permettent des entrées à la fois scolaires (dans le programme), attractives pour les élèves et intéressantes dans la production éditoriale (atypique dans la forme, le graphisme, le traitement).

L'exposition finale

Elle regroupe au lycée Montesquieu (Le Mans), tous les travaux des élèves des établissements participants. Les établissements situés loin du Mans regrettent de ne pouvoir y emmener leurs élèves, faute de budget. Regrets aussi d'un manque de temps fort pendant la visite des classes concernées. Des propositions sont lancées : un véritable vernissage avec rencontre de plusieurs classes (½ journée ?), peut-être une rencontre à ce moment là avec un auteur... Il faut y réfléchir.

Budget

Il reste la bête noire des petits établissements qui ne peuvent acquérir les titres en plusieurs exemplaires, envisager de sorties, ni de rencontres avec les auteurs. Améliorer le partenariat avec les bibliothèques pourrait au moins alléger le problème des acquisitions. Il faudrait chercher plus activement les financements ou aides possibles auprès du Département ou de la Région.

Après ce premier coup d'essai, le bilan est pour nous globalement positif : en terme de nombre de classes engagées, d'investissement des professeurs et des professeurs-documentalistes, de travaux et de réalisations d'élèves... Nul doute surtout que tous les participants, élèves comme professeurs, ont découvert des aspects complètement inconnus pour eux de la bande dessinée. Le pari de ce projet - approcher la bande dessinée comme un art narratif spécifique - semble bien tenu !

Les pistes de l'an prochain

Des pistes de travail sont déjà envisagées avec la nouvelle sélection 2010 : l'autobiographie, l'adoption, la différence avec *Couleur de peau* : *miel* et *Un drôle de Père*, la découverte et le détournement des œuvres de quelques grands peintres avec *Harding was here,* le travail de documentation, de repérage et d'adaptation du dessinateur à travers *Exauce-nous* (dont le récit se déroule au

Mans), l'adaptation littéraire avec *Oliver Twist,* l'Occupation avec *Il était une fois en France,* l'histoire du Japon et de la médecine avec *Jin*….

Titres sélectionnés 2009-2010

1. *Couleur de peau : miel, 1/* Jung – Quadrants (Soleil).
2. *Harding was here, 1/* Midam et Adam - Dupuis
3. *Il était une fois en France, 1/* Nury ; Vallée, Delf – Glénat
4. *Exauce-nous* / Makyo et Bihel – Futuropolis
5. *Oliver Twist, 1/* Dauvilier, Deloye, Merlet, Rouget – Delcourt (Ex Libris)
6. *Les nuits assassines* / Goum et Byum- Casterman (Univers d'auteurs)
7. *Toxic Planet, 3* / Ratte -Paquet
8. *Un drôle de père, 1/* Unita – Delcourt- (Manga)
9. *Walkin' Butterfly, 1/* Tamaki – Asuka- (Manga)
10. *Jin, 1/ Murakami* – Tonkam. (Manga)

ANNEXES

Déroulé des séances menées au lycée professionnel Washington du Mans, avec une classe de 2^{d} BEP. Construites et réalisées avec le professeur de Lettres/Histoire-géographie et la professeure-documentaliste, toutes ces séances sont décrites et téléchargeables depuis le blog Le Dock *(http://ledock.blogspot.com). Les documents nécessaires au déroulement des séances sont aussi téléchargeables.*

Séance 1 : Découverte des 10 titres de la sélection, hypothèses de lectures à partir des couvertures et des quatrièmes de couvertures
Français, documentation, 1 heure

Séance 2 : Découverte du langage de la bande dessinée. Lexique de l'image et exercices autour du lexique de l'image
Français, documentation, 1 heure 30

Séance 3 : Évaluation élèves : analyse d'une planche de bande dessinée
Français, 1 heure

Séance 4 : Recherche documentaire sur Internet autour des 10 titres.
Français, documentation, 2h

Séance 5 : 5 Ateliers consacrés à l'analyse de *Là où vont nos pères* : le rôle de la documentation historique et photographique dans l'élaboration d'une bande dessinée
Français, documentation, 4h
Atelier 1 : découverte d'Ellis Island
Atelier 2 : la statue de la liberté
Atelier 3 : l'arrivée des immigrants à Ellis Island
Atelier 4 : le photographe Sherman
Atelier 5 : photos historiques et bande dessinée

Séances menées en parallèle avec le professeur d'**arts plastiques** :
À partir du bestiaire fabuleux et de l'écriture fantastique développés dans *Là où vont nos pères*, création par les élèves de créatures et d'une langue imaginaires.

Séance 6 : La classe ambassadrice du Prix
Français, documentation : 2 heures
Être capable de présenter oralement une œuvre de bande dessinée devant un public, de faire connaître et donner envie de lire les 10 œuvres de Une Case en Plus auprès d'autres classes du lycée.

Séance 7 : Rédaction de chroniques
Français, documentation, 1 heure
Préparation à la rédaction et rédaction des 10 chroniques à publier dans le quotidien *Le Maine Libre*.

Séance 8 : Préparation de la rencontre avec un auteur scénariste, Marguerite Abouet
Français, géographie, 2 heures
Travail autour de la Côté d'Ivoire et d'Abidjan. Préparation de l'interview collective.

Ci après :
Une séance pédagogique extraite de la séance 5, Là où vont nos Pères, et quelques photos de l'exposition finale.

UNE CASE EN PLUS

SEANCE 5

Fiche Elève

Analyse de *Là où vont nos pères*

Atelier 5 : Bande dessinée et documentation historique

1. **Observez les deux premières photographies.**
Retrouvez la planche de la bande dessinée inspirée par ces deux photos. Quelle en est le numéro de page ?

Comparez ces images. Précisez comment Shaun Tan a composé son image : ce qu'il a retenu ou éliminé des éléments des photos (les personnages, leur attitude, leur placement, le décor, la forme de la composition...)

À partir de ces photos, que pouvez vous dire des conditions de voyage des immigrés ?

2. **Observez les photographies 3, 4 et 5**.
Décrivez ces images en complétant ce tableau.

Photos	Plans	Cadrages	Angles de vue	Descriptions de la scène	Effet induit
3					
4					
5					

3. **Lire le texte** intitulé « *Témoignage de Mme Gasperetti* » (Extrait de *Ellis Island, histoires d'errance et d'espoir*/George Perec et Robert Bober. – POL, 1995).
Quels sont les points communs entre le témoignage de Mme Gasperetti et les photographies ?
Relevez-en 3, un par paragraphe.
-
-
-

À présent, imaginez une légende pour chacune des trois photos précédemment observées :

Photos	Légendes
3	
4	
5	

4. **Retrouvez l**a planche où l'auteur s'est inspiré de la photographie 3. Indiquez le numéro de la page.

Quelles sont les modifications apportées par l'auteur ? Rédigez un paragraphe.

Conclusion
Rédigez en une dizaine de lignes ce que vous avez découvert de la façon de travailler de Shaun Tan dans *Là où vont nos pères*. (Vous pouvez également vous reporter à la séance 4).
À votre avis, pourquoi travaille-t-il ainsi ? Quel message veut-il faire passer ? Quelles sensations veut-il faire éprouver ?

Autour de *Là où vont nos pères*

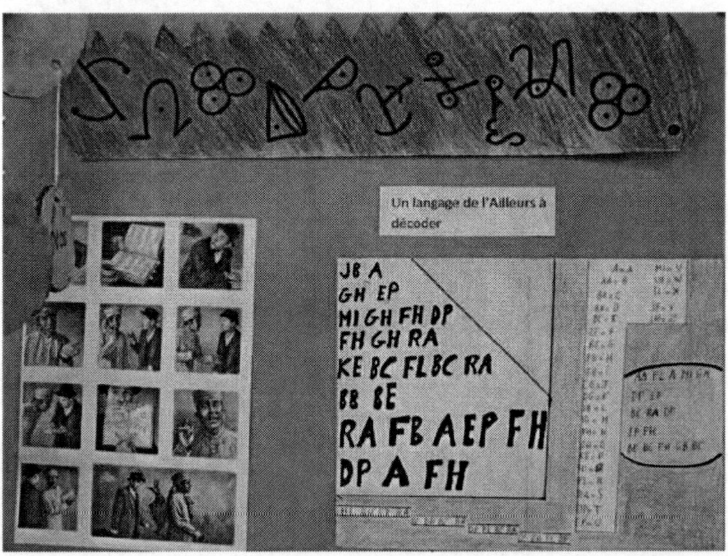

Autour de *Zipang*

Autour de *Aya de Yopougon*

Une Case en Plus :
Prix BD des Lecteurs

14 établissements de la Sarthe participent à ce Prix.

Vous serez donc de ceux qui choisiront laquelle, des 10 bandes dessinées sélectionnées, sera élue.

Temps forts :

- Lancement officiel du prix à la 25ème Heure du Livre les 11 et 12 octobre 2008.
- Lecture des 10 albums jusqu'au vendredi 5 décembre (ce qui signifie au moins une bande dessinée par semaine, plusieurs pendant les vacances de Toussaint). Au delà de cette date, les ouvrages ne seront plus réservés aux élèves de la classe. Tout élève du lycée peut participer à ce Prix.
- Exposition dans l'établissement sur les œuvres et critiques des élèves.
- Rencontre avec un des auteurs des bandes dessinées.
- Vote le 6 février 2009.
- Palmarès le 30 mars 2009.

Prix BD
d e s
lecteurs

Carnet
d e
lecture

Nom : ____________________

Prénom : ____________________

Lecture de la semaine du au 2008	Lecture de la semaine du au 2008
Titre de la B.D.: Nom de la série (si nécessaire) : **Auteur :**	**Titre de la B.D.:** Nom de la série (si nécessaire) : **Auteur :**
Éditeur : Date de parution : Format : En noir et blanc ou couleurs : Lieux principaux: Époque(s) : Noms et/ ou principaux traits de caractères du ou des héros : Situation initiale : Citez 3 évènements importants : Situation finale : Avis personnel justifié par deux arguments: Public recommandé :	Éditeur : Date de parution : Format : En noir et blanc ou couleurs : Lieux principaux: Époque(s) : Noms et/ ou principaux traits de caractères du ou des héros : Situation initiale : Citez 3 évènements importants : Situation finale : Avis personnel justifié par deux arguments: Public recommandé :

lire élire
élire lire
lire élire
10 BD à lire
1 seule à élire
Prix BD
d e s
lecteurs
Ouvert aux 3èmes et 2ndes des collèges, lycées
et lycées professionnels de la Sarthe.
Déposez votre bulletin au CDI avant le 6 février 2009.
Palmarès le 30 mars 2009.
lire élire
élire lire

Pourquoi j'ai mangé mes BD*

Il y eut un temps et un lieu où la langue française n'était pas très riche. Les phrases, simples, ne comportaient que quelques mots et le vocabulaire à la mode était très onomatopéique. À cette époque-là, les élèves étaient peu nombreux à savoir lire, mais ils trouvaient que c'était une trop belle période : les images suffisaient à tout comprendre et ils finissaient toujours par décrocher leur bac.

Pourquoi fallait-il qu'il y ait des homo un peu plus sapiens que d'autres et désireux de participer à l'évolution de l'espèce ?

L'un d'eux sévissait dans la Caverne Des Imprimés, autrement dénommée CDI. Avec beaucoup d'agitation, il s'évertuait à agrémenter et enrichir ce lieu en essayant de mettre en scène, en musique, en voix, les nouveautés qu'il faisait entrer avec fierté dans la caverne. Mais il se désespérait de voir ses efforts totalement vains, annulés par l'attraction irrésistible des vignettes et des bulles vers lesquelles les jeunes hères fonçaient tête baissée. Il était grand temps de les éloigner des tentations faciles...

C'est ainsi qu'il fut décidé de supprimer les bandes dessinées chaque première quinzaine du mois.

Et tant pis pour leur air de mammouth battu !

Agnès Cornet
Professeure-documentaliste
Lycée Lucas De Nehou (Paris)

* Si vous souhaitez approfondir vos connaissances sur l'évolution de l'espèce, je vous recommande le roman : *Pourquoi j'ai mangé mon père*, de Roy Lewis, disponible au CDI.

Réalisation au CDI d'une exposition : histoire du monde de 1945 à nos jours vue par les photographes de presse

Christiane Maison
Documentaliste retraitée
Lycée professionnel Abbé Grégoire (Paris)

Sur une idée de M. José Gable, PLP2 de Lettres et histoire à laquelle s'associe pleinement la documentaliste, nous avons décidé d'organiser avec deux classes de 3ème DP6, soit 48 élèves, une exposition sur l'histoire du monde de 1945 à nos jours vue par les photographes de presse. Le thème choisi pour ce projet avait suscité précédemment l'intérêt de M. Gable lors d'une visite de l'exposition consacrée aux 50 ans de l'AFP à la BNF (site Richelieu).

Au CDI, cette action avait pour intérêt de se dérouler pendant la Semaine de la presse, sous le patronage du Clemi[65], qui s'est prolongé trois semaines dans notre lycée afin d'accueillir les élèves à horaires aménagés en groupe classe ou individuellement.

Notre fiche projet se présentait sous la forme ci-dessous.

Exposition présentée ici chronologiquement et basée sur les thèmes suivants :

- Politique mondiale.
- Vie politique française.
- Société.
- Arts.
- Sciences et techniques.
- Grands événements mondiaux.
- Sport.

L'objectif étant :

- Une sensibilisation à la photographie de presse,
- une prise de conscience de l'incidence de l'emplacement de la photo dans l'article,
- une construction de ressources documentaires pouvant être réexploitées.

[65] Centre de liaison de l'enseignement et des médias d'information, http://www.clemi.org/

Prolongement souhaité en forme d'évaluation :
Accueil d'autres classes pour découvrir l'exposition et travailler à partir de celle-ci (le thème choisi pouvant concerner tous les programmes de 3ème, BEP et Pro). L'élève choisit par exemple trois photos, argumente, fait des recherches au CDI à propos du sujet, de son contexte... Le prolongement est réalisé ici après l'exposition, mais une réexploitation peut aussi avoir lieu dans le futur.

Au préalable :
Les 3ème de Découverte professionnelle repèrent, en classe, la réalité d'une photo de presse grâce à un intervenant de la MGI[66] rencontré lors d'un projet photo et qui a bien voulu relater son expérience de photographe de presse avant d'intégrer la MGI.
Au CDI, comme lors de chaque action s'y déroulant, mise en ambiance, et dans ce cas précis : le kiosque du Clemi, les mots de la presse (en insistant sur les photos de presse, agences de presse, la légende, la Une...), la périodicité, la démarche journalistique, etc.

Matériel :
-documents : fiches pédagogiques du Clemi, revues consacrées à la photo de presse, ouvrage édité lors des 50 ans de l'AFP,
-achat de planches de carton plume pour une quarantaine de photos A4,
-feuilles de couleur pour différencier les thèmes,
-panneaux d'exposition du CDI,
-et réservation indispensable sur le planning du CDI (environ 20h).

Déroulement du projet :

- Première phase
Les élèves découvrent par groupe au CDI (utilisation du vidéo projecteur) des photos de l'agence Magnum (site du Clemi) choisies par le professeur. Observation des photos qui peuvent être esthétiques, illustratives, informatives, avec un dispositif porteur de sens, impliquant un point de vue. Qu'est-ce qu'une légende ? Quel est son rôle, son importance ? (durée : 4 heures, soit 1h par groupe)

- Deuxième phase
Des photos, choisies par l'enseignant, sont proposées aux élèves. Chaque élève découvre « sa » photo, se l'approprie, peut poser toute question aux adultes, puis commence ses recherches sur dictionnaire papier uniquement pour rédiger sa légende, la consigne étant de ne pas recopier et de faire ses propres phrases.

---

[66] Maison du geste et de l'image : 42, rue Saint-Denis - 75001 Paris
Mail info@mgi-paris.org

Aide personnalisée. Correction des fautes. (durée : 8h, soit 2h par groupe)

- Troisième phase
Saisie en salle informatique avec le matériel utilisé au CDI.
Aide personnalisée. Correction des fautes. (durée : 4h, soit 1h par groupe)

- Quatrième phase
Mise en place au CDI de l'exposition par les adultes (titre et découpe du carton plume, feuilles de couleur)
Publicité en direction des élèves et des enseignants (durée : 3h)

- Cinquième phase
Accueil des visiteurs et des classes du lycée pour le travail évoqué plus haut et qui servira d'évaluation (BEP en 1 an, terminales Bac Pro et terminales BEP)

Bilan :
Une belle réalisation dont les élèves furent très fiers, chacun montrant son « œuvre », mais difficile en raison du petit nombre d'heures dont nous disposions et du manque de connaissances de nos élèves de 3ème (ceci étant toutefois assez naturel vu l'ampleur du sujet traité).
La documentaliste fut, pour sa part, enthousiaste et très heureuse de participer à cette action qui a permis une fréquentation accrue du CDI, tout en apportant un enrichissement culturel pour tous.

En conclusion, nous pouvons dire que ce projet (le dernier de ma carrière) a pu permettre à l'élève de porter un regard nouveau sur la presse, développer son esprit critique et, ce faisant, acquérir une démarche autonome et personnelle pour mieux commencer, nous l'espérons, une vie d'adulte et de citoyen.

« Je comprends rien, mais c'est formidable. J'aime ça ! »

Ainsi parlait le petit Jean-Pierre Siméon, lorsqu'il découvrit la poésie, dans le cœur de son père. Depuis, il a grandi, et il est devenu un vrai pilier de bistrot. Non pour s'enivrer de bière, mais plutôt d'un mélange revigorant : tous les sujets qui font la vie, sa source d'inspiration.
Accoudé au comptoir, il s'imprègne des vivants. Il observe les gens rire, débattre, s'embrasser, pleurer, se quitter, se rencontrer pour la première fois…
Pendant des heures, il écrit dans sa tête, écoute la musique et le chant des strophes, cherche le rythme. Il tâtonne, façonne, biffe, attrape le mot juste, recommence, et, enfin, pose sur le papier les quelques vers sauvés des ratures.
Les élèves de 4^{e}6, subjugués par le charme du poète, presque l'ami, écoutaient.
Leurs représentations en étaient toutes bousculées ! Ainsi donc, la rime n'est pas nécessaire, ni suffisante ? Mais alors… Ainsi donc, celui qui écrit des poésies est un écrivain ? Vraiment… Etonnés, attentifs, inlassables, ils questionnaient encore et encore, au-delà du temps qui passe.
Cet après-midi là, il faisait lumineux.
Nous sommes tous sortis vers nos rêves, nos émotions, là où se croisent nos emportements et nos enchantements, pas très loin de la poésie.

Agnès Cornet
Professeure-documentaliste
Lycée Lucas De Nehou (Paris)

Interviews imaginaires
de Victor Hugo, Gustave Flaubert, Émile Zola et Georges Perec

Anne Foucault-Lacoste
Professeure-documentaliste
Lycée Touchard-Washington (Le Mans)

Quand une collègue de français vient me solliciter pour un travail de recherche au milieu du deuxième trimestre, c'est le pic de l'année et le CDI de notre établissement de 2000 élèves tourne à plein régime. La Semaine de la presse se profile. Avec mes deux collègues documentalistes, je prépare une séquence importante sur la photographie de presse. Je viens aussi de terminer un autre projet autour du magazine *Science et vie junior*. Bref, j'aimerais souffler un peu... Mais le charme de notre métier, c'est justement cette part d'imprévu qui fait qu'on ne sait jamais complètement à quoi va ressembler la journée et la semaine. Le travail au CDI demande finalement une grande capacité d'adaptation pour répondre rapidement aux sollicitations. C'est ce qui va se produire avec Emmanuelle, professeur de français.

Elle aborde les mouvements littéraires du XIXe et du XXe siècle (réalisme, naturalisme...) avec sa classe de seconde. Elle a une idée très précise de la production finale de sa séquence : les élèves devront interpréter des interviews virtuelles de cinq auteurs en choisissant d'être soit le journaliste, soit l'écrivain. Pour préparer cette interview, elle a défini une « mission de recherche » pour les élèves/auteurs qui leur permettra d'appréhender la vie de l'écrivain, de retracer sa carrière littéraire et de le replacer dans le contexte littéraire de son époque. En revanche, la « mission de recherche » des journalistes n'est pas clairement définie et les objectifs documentaires en terme d'apprentissages pour les élèves sont flous. Ce n'est pas un problème : il suffit de se mettre autour d'une table et de travailler ensemble, d'explorer le CDI pour déterminer les matériaux nécessaires à la prise de notes. Mais d'emblée, le calendrier est un défi : nous disposons de deux semaines seulement pour réaliser le projet. L'expérience m'a appris qu'il vaut mieux concentrer les moyens horaires pour mobiliser les élèves. Néanmoins, deux semaines, c'est court étant donné la somme d'informations à digérer et la forme particulière de la production finale. Je sais aussi que cela impliquera que la classe entière vienne au CDI pour « tenir » le délai et notamment entre 12h et 14h, justement quand le CDI est plein comme un œuf. Or, trente élèves en situation de recherche dans un CDI qui reste par ailleurs toujours ouvert aux autres usagers, ce n'est ni simple à gérer, ni reposant ! L'autre souci qui peut également me pousser à vouloir reculer le début du projet, c'est le temps qui nous reste avant le démarrage : seulement quelques jours.

Mais ce projet a un réel caractère innovant et j'ai très envie de le voir aboutir. Par ailleurs, je connais la rigueur et la capacité de travail de la collègue qui sollicite ce partenariat. J'ai confiance en elle. Alors, nous nous lançons. Mais, pour parler familièrement, les choses vont se faire au débotté ! Rarement aurai-je aussi peu préparé une séquence si dense. Par manque de temps et de recul, nous devrons à plusieurs reprises adapter les progressions des groupes, les échéances, les exigences de prise de notes... La concertation entre les séances a souvent lieu entre deux portes à la récréation ou, à défaut de se voir, par e-mail. La classe va venir plus d'une dizaine d'heures au CDI, à des moments pas toujours opportuns. C'est bruyant et mes collègues râlent (les autres élèves aussi d'ailleurs). Mais ça marche ! Les élèves adhèrent au projet et travaillent globalement avec assiduité. Journalistes et écrivains se concertent pour mettre au point questions et réponses. Toutefois, il faut attendre la première répétition des interviews pour qu'ils prennent conscience des enjeux de l'exercice et des failles de leur travail.

Ces répétitions constituent en effet un moment important d'évaluation et d'auto-évaluation dans le projet. Elles vont aussi contribuer à créer une atmosphère d'émulation collective. Un ou deux élèves de chaque groupe interprètent l'auteur ou le journaliste. L'exercice permet aux écrivains/journalistes qui jouent, tout comme aux spectateurs, d'évaluer la qualité et la quantité des informations collectées d'une part, la compréhension et l'assimilation de ces informations d'autre part (elles sont alors devenues des connaissances). La répétition de textes entièrement copiés et non retravaillés est alors flagrante. Tout ce qui est en jeu dans une situation de prise de parole est aussi expérimenté (parler suffisamment fort, ne pas parler comme on écrit, ne pas lire ses notes, etc.). Les groupes prennent conscience des lacunes à combler, des points à améliorer, de la nécessité d'une bonne coordination entre auteur et journaliste. À ce stade, nous savons que certains groupes travaillent en plus des heures passées au CDI. Pourtant, nous avons précisé que les prestations orales ne seraient évaluées qu'à la demande des élèves (en revanche, la recherche et la prise de notes seront systématiquement évaluées).

Le jour J, nous installons une mini « scène » avec fauteuils et table basse. La veille, j'ai préparé (dans l'urgence toujours...) des petits diaporamas sur chaque auteur qui seront projetés en boucle derrière les interprètes. J'ai aussi cherché une musique appropriée pour introduire chaque interview afin de permettre aux spectateurs de faire le silence tandis que les interprètes s'installent. Je filme les « rencontres virtuelles » en plan fixe. Pour les élèves qui ont accepté d'interpréter un auteur ou de jouer le rôle du journaliste, l'interview filmée est une expérience stressante mais très valorisante. D'ailleurs, les autres élèves le leur rendent bien : ils sont écoutés dans le silence et chaleureusement applaudis. Même si cela se passe au CDI, au sein du groupe classe, c'est quand même un grand moment pour eux. Sur les huit groupes qui se succèdent, les deux premières rencontres sont excellentes et les autres de bonne qualité. Les élèves sont tellement contents qu'ils demandent tous à être notés car ils savent que leur travail le mérite. Le DVD réalisé à cette occasion sera revu avec plaisir en classe et cette expérience pédagogique est l'occasion d'échanges avec d'autres collègues. Car ce type de séquence est transposable à d'autres niveaux de classes, d'autres disciplines et pour d'autres personnages célèbres (hommes politiques, scientifiques, économistes...).

Pour tout dire, j'ai adoré ce projet et je ne regrette ni l'urgence dans laquelle il a démarré, ni les désagréments d'une organisation parfois défaillante car le résultat a dépassé nos espérances. Il ne faut pas hésiter à se lancer et à être ambitieux pour les élèves. Enfin, les recherches documentaires au CDI aboutissaient à autre chose que le sempiternel dossier ou les traditionnels panneaux d'exposition !
Aux futurs documentalistes, j'ai aussi envie de dire que la préparation exemplaire d'une séquence en amont d'un projet (vous savez avec les objectifs, les sous-objectifs, le calendrier, l'évaluation prévue et tout ça !) ne sera pas toujours le gage de la réussite et réciproquement. La qualité de l'entente entre l'enseignant et le professeur-documentaliste, l'adhésion des élèves ou non au projet sont rarement pris en compte au départ. Pourtant ces données sont fondamentales et participent à la réussite d'un projet pédagogique. Rien que de bien humain en somme...

Extraits de l'interview de Gustave Flaubert, par Arthur, Fabien et Gaël.

Journaliste/Arthur : Vous êtes un perfectionniste du style et vous mettez beaucoup de temps à écrire un livre. Pourquoi ?

Gustave Flaubert/Fabien et Gaël : Je suis quelqu'un d'assez maniaque. J'ai mis cinq ans à écrire *Madame Bovary* car, pour une page de livre, j'ai écrit en moyenne dix pages de brouillon !
[…]

Journaliste/Arthur : Vous mêlez deux styles dans vos livres, le réalisme et le romantisme. Quel effet de style cherchez-vous ?

Gustave Flaubert/Fabien et Gaël : Je ne cherche pas forcément un effet de style. On peut dire par exemple qu'Emma Bovary est romantique car elle vit dans ses rêves. Elle s'ennuie et rêve d'une autre vie. Mais je confronte ce romantisme à la réalité de la vie bourgeoise et provinciale dans laquelle vit Emma Bovary.
[…]

Extraits de l'interview d'Emile Zola, par Sophie et Charlène.

Journaliste/Sophie : Comment vous est venue l'idée d'écrire *L'assommoir* ?

Emile Zola/Charlène : L'inspiration pour ce roman m'est venue de ma propre expérience, celle de la pauvreté et d'une jeunesse difficile. Après le décès de mon père, nous sommes venus à Paris, ma mère et moi. Nous avons connu la pauvreté et nous avons vécu dans une maison d'ouvrier. Mais pour écrire *L'assommoir*, je suis aussi allé sur des lieux, j'ai discuté avec les gens, y compris des ouvriers. J'ai pris des notes. J'ai élaboré un schéma du quartier de Gervaise par exemple.

Journaliste/Sophie : Justement, pouvez-vous nous en dire plus sur votre façon d'écrire ?

Emile Zola/Charlène : J'établis un grand dossier préparatoire qui contient des ébauches, le descriptif des personnages. J'ai besoin d'avoir une bonne vision de mes personnages.
[...]

LSD, CDI,... même combat stupéfiant !

Les Lecteurs Sous Dépendance existent. Ils se fournissent, parfois sous une fausse identité, au centre de documentation. Ils se procurent leur drogue sur les rayonnages des romans, et certains d'entre eux vont même jusqu'à consommer des doses de 976 pages. Pourtant, et on ne le dira jamais assez, les effets peuvent être dévastateurs : tels des zombis, ils arpentent les couloirs le nez plongé dans leur dope, sans trop savoir où ils vont. Lorsqu'ils parviennent à rejoindre leur salle de classe, ils ne quittent pas pour autant leur héroïne et, dans cet état, sont incapables de suivre un cours !
Heureusement, les shootés sont peu nombreux. Néanmoins, certains font l'objet d'une réelle inquiétude, au point que la communauté éducative s'en mêle. On a bien pensé leur interdire l'accès au CDI, mais cela serait vain tant les filières sont nombreuses et difficiles à démanteler. Arrêter les gros producteurs tels que J.K. Rowling ou P. Pullman relève de la police des frontières. À notre niveau, je ne vois pas d'autres moyens d'intervention que la confiscation de la came. Restent à gérer, et c'est pas facile, j'en conviens, d'une part l'état de manque de l'élève, d'autre part les comptes à rendre au dealer qui sévit au CDI.

Agnès Cornet
Professeure-documentaliste
Lycée Lucas De Nehou (Paris)

Entre défi lecture et blog... deux moyens croisés pour inciter les collégiens à la lecture et à l'écriture

Christophe Guérin
Professeur-documentaliste
Collège Henri Corbet (St-Jean-d'Aulps - Haute-Savoie)

Catherine Foray
Professeure de Lettres
Lycée français (Tananarive - Madagascar)

Bénédicte Lartigue
Professeure-documentaliste
Collège (Labenne - Landes)

L'explosion de la littérature jeunesse, tant en termes de quantité que de variété, ne parvient pas à masquer deux phénomènes :

- les compétences des élèves en lecture sont sensiblement inférieures à celles constatées dans les autres pays européens[67]. Les élèves français sont notamment sur-représentés dans le groupe le plus faible. De manière plus intuitive, on constate que les collégiens lisent en moyenne relativement peu et surtout de moins en moins à mesure qu'ils avancent en âge et dans leur scolarité.
- Plusieurs travaux ont montré que les adolescents pratiquent l'écriture selon des modalités variées, mais la forme SMS fait des ravages, ce qui a un impact non négligeable sur la richesse de leur vocabulaire et leur capacité à communiquer par écrit, en particulier avec des adultes : orthographe déficiente, grammaire de base approximative, forme interrogative mal maîtrisée, etc.

Face à ces constats, nous avons, en tant que professeurs-documentalistes, de nombreuses opportunités de relancer la pratique de la lecture et de participer à la redécouverte de la langue écrite sous une forme relativement élaborée.

Nous sommes nombreux à utiliser en particulier le défi lecture comme moyen d'initier à la lecture ou d'élargir la palette de genres littéraires lus par les collégiens. Le défi lecture prend des formes diverses pour atteindre ces objectifs. La classe de 6ème est particulièrement propice à ce type de projet, les élèves étant plus faciles à motiver. La classe de 4ème est également intéressante

[67] Enquête IEA-PIRLS de 2001 et 2006 menée en CM1 auprès d'élèves de 10 ans.

car c'est à 13-14 ans que l'on observe un décrochement sensible de la pratique de la lecture de romans.

Cet article a pour but de décrire un mode de défi lecture qui, tout en étant assez exigeant, permet non seulement de renforcer l'attrait pour le roman par des moyens ludiques, coopératifs et favorisant l'émulation, mais aussi d'enrichir les modes d'écriture des élèves. Il s'appuie sur un défi lecture mené en 2007-2008 entre un établissement français du Maroc et un collège des Landes. Ce projet inter-établissement fonctionne d'ailleurs toujours.

Pour mettre en œuvre le défi, deux préalables se sont avérés particulièrement utiles : monter l'opération avec des classes entières, en partenariat étroit avec des enseignants de français, et utiliser sans modération l'outil informatique et Internet.

1. Organisation

Organiser un tel projet n'a pu s'improviser. L'intervention de plusieurs acteurs, professeurs-documentalistes, enseignants de français, gestionnaires, voire responsables informatique des établissements, a nécessité pour sa mise en œuvre une programmation dès le mois de mai de l'année précédente.

Il a fallu, en particulier, répondre aux besoins et attentes, parfois contradictoires, de chaque acteur :

- réfléchir entre professeurs-documentalistes et de français à la manière d'intégrer le défi lecture dans le programme de 6ème,
- définir des épreuves et des modalités d'évaluation compatibles avec la progression pédagogique,
- identifier avec l'intendance les moyens budgétaires nécessaires pour les ouvrages et les lots à acquérir, ainsi que les solutions alternatives dans le cas ou le budget du CDI ne pourrait faire face aux besoins,
- organiser la mise en place et l'intégration des outils informatiques avec la personne ou le service ressource des établissements.

Concrètement, le projet a été bâti autour de quatre axes :

1. une sélection de 16 ouvrages jeunesses, portant sur tous les genres et sur différents thèmes, en prévoyant l'acquisition d'au minimum un ouvrage par élève (donc 2 exemplaires de chaque ouvrage pour une classe de 30 élèves),
2. cinq épreuves de natures différentes et de difficultés croissantes réparties sur l'ensemble de l'année scolaire et compatibles avec la progression prévue par les enseignants de français,

3. des équipes de trois élèves formées de manière à conserver un minimum d'hétérogénéité[68], chaque équipe ayant pour objectif de lire l'ensemble des livres sur l'année. Elles se choisissent un nom qui leur sert dans leurs échanges entre classes.
4. la réalisation d'un blog permettant la communication entre professeurs et élèves, entre élèves et entre établissements.

2. Communication

Afin de communiquer entre élèves de classes ou d'établissements différents sur un projet évoluant tout au long de l'année, le choix du blog s'est naturellement imposé. Sans décrire l'ensemble des possibilités offertes par cet outil, le blog présente, dans le cas d'un défi lecture, plusieurs avantages :

- Le blog est une forme de journal de bord affichant des articles du plus récent au plus ancien, ce qui offre une lisibilité simple, y compris pour les néophytes. Lorsque le nombre d'articles est important, ceux-ci se déroulent sur plusieurs pages.
- Les hébergeurs gratuits de blogs, en particulier celui du Web pédagogique[69], offrent de nombreuses possibilités de publications exploitables dans le cadre d'un défi lecture. Ils permettent l'édition de textes avec des niveaux d'autorisation divers (articles d'enseignants et productions d'élèves publiées après validation par les administrateurs du blog), d'images (couverture des livres, photographie des équipes en compétition...), de vidéo (échanges entre établissements via webcam, cérémonie de remise des prix) et parfois de sons (interview d'auteurs, ...)[70],
- Enfin, le blog permet au lecteur pour chaque article, qu'il s'agisse de textes, de photos ou de tableaux de résultats, d'écrire un commentaire. Avant d'apparaître à l'écran, les commentaires doivent être validés par le ou les gestionnaires du blog (les enseignants dans notre cas).

Depuis peu, la principale restriction au blog qui était qu'un élève ne pouvait écrire directement un article, a disparu. Dorénavant, il est possible, sur un temps donné, d'octroyer des droits d'écriture aux élèves et de publier leurs articles après validation par les administrateurs du blog.

---

[68] Dans notre cas, les élèves ont été répartis en trois groupes par les enseignants en fonction de leur capacité et de leur goût pour la lecture, puis les élèves ont constitué leurs équipes en respectant la contrainte d'intégrer dans chacune d'entre elles un membre de chaque groupe.
[69] http://lewebpedagogique.com
[70] Sous réserve de l'accord des personnes morales ou physiques concernées.

Page du blog

Exemple d'une page de blog avec en haut, le bandeau de présentation, à gauche les articles (sous lesquels il est possible de laisser un commentaire) et à droite les informations récurrentes.

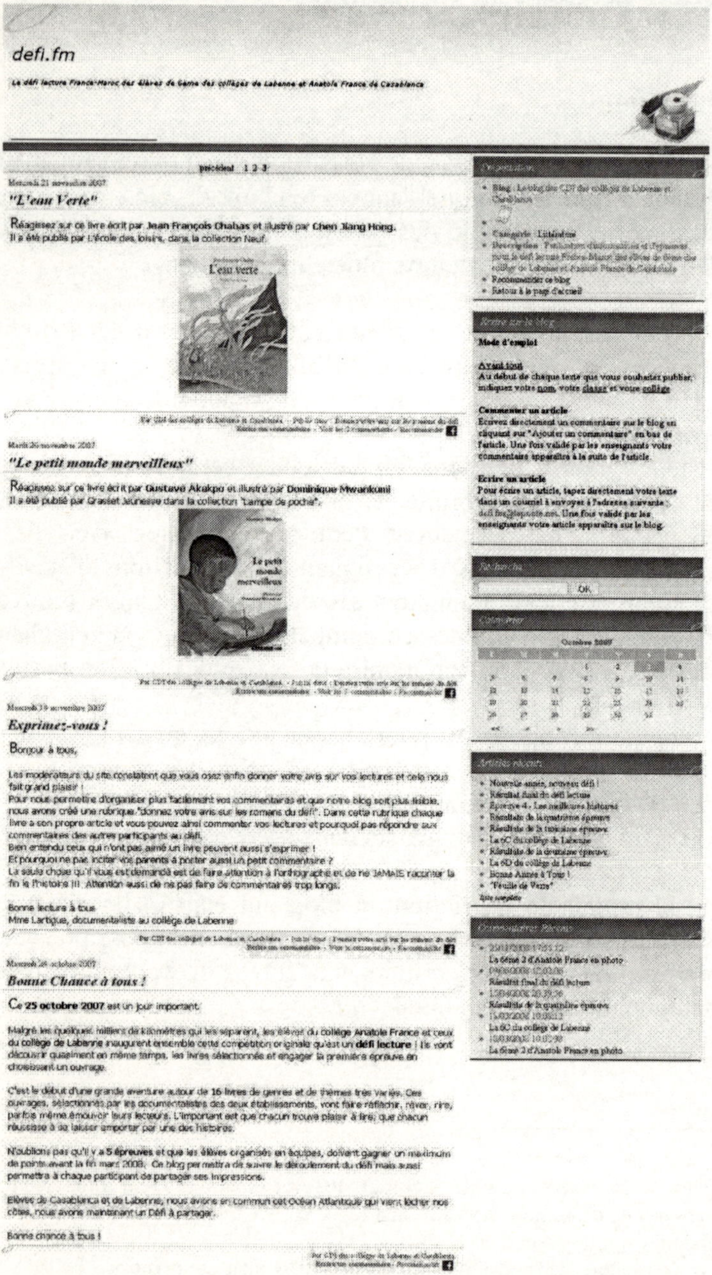

3. Aspects pédagogiques

Le défi lecture revêt plusieurs avantages d'un point de vue pédagogique, pour le professeur-documentaliste, pour le professeur de français, voire pour d'autres enseignants. De plus, la nature des épreuves du défi permet d'élargir les possibilités à l'infini.
Parmi les épreuves choisies, nous avons notamment mis l'accent sur la (re)découverte de l'objet livre, la lecture, l'écriture, le travail collaboratif, l'échange avec des élèves d'autres cultures.

Comme le précise le programme d'enseignement du français en collège[71], lancer un défi lecture contribue à « favoriser une lecture cursive et personnelle de l'élève, en dehors du temps scolaire. Le professeur cherche ainsi à développer le goût de lire, en proposant un choix commenté d'œuvres accessibles. La littérature de jeunesse occupe une place naturelle dans ce choix d'œuvres, qu'elle revienne sur le passé ou qu'elle ouvre sur le monde d'aujourd'hui, elle contribue à l'acquisition d'une culture personnelle. Elle permet d'instaurer un dialogue avec les œuvres patrimoniales et elle facilite parfois l'accès à la lecture des œuvres classiques. »
Il est pour cela nécessaire de choisir « des textes de qualité adaptés à ses élèves et à son projet pédagogique ».

Le défi lecture est également l'occasion de proposer des activités d'écriture variées en lien avec le programme, soit par des commentaires sur le blog dès qu'il est ouvert, soit par l'intermédiaire des épreuves qui s'égrainent tout au long de l'année.
À l'inverse de ce qui se pratique dans les blogs personnels, il est demandé à chaque auteur de commentaires de ne pas utiliser l'écriture SMS pour favoriser la compréhension des échanges entre élèves de pays différents. L'intérêt premier est de faire comprendre aux élèves qu'il existe divers niveaux de langage, et que communiquer n'est pas laisser à l'autre le soin de déchiffrer ce que l'on dit, mais utiliser des codes communs, dont une langue normalisée.

Le choix du travail en groupe, *a fortiori* si ce dernier est hétérogène, permet de « tenir compte du niveau en lecture de chacun, d'amener progressivement les élèves à être des lecteurs autonomes » et parfois à se surpasser pour ne pas pénaliser le groupe.

---

[71] - Les citations sont issues du programme de l'enseignement de français 2008 pour les classes de sixième, de cinquième, de quatrième et de troisième du collège.
- Ministère de l'Éducation nationale, arrêté du 8 juillet 2008 paru au *BO* spécial n°6 du 28 août 2008.

Face à l'importance du nombre de livres (16 dans notre cas), les bons lecteurs trouveront de quoi satisfaire leur appétit, les plus réticents trouveront un thème ou un genre qui les touchera plus particulièrement.

Enfin, la confrontation de classes d'établissements différents, en particulier au niveau national ou international (en y intégrant les établissements français de l'étranger par exemple), offre un moyen de faire découvrir aux élèves une autre culture et de leur permettre d'échanger sur leurs lectures par l'intermédiaire du blog.

Évaluation
L'évaluation des épreuves choisies dans notre défi lecture est soit intégrée au français, soit prise en compte dans les compétences du B2i[72].

4. Quelques exemples d'épreuves

Plusieurs épreuves sont ici présentées, de la plus simple à la plus complexe. Celles que nous avons choisies dans notre défi sont indiquées.

Fiche descriptive d'un livre (épreuve n°1a)
L'épreuve consiste pour chaque élève à décrire un des livres du défi (soit trois livres par groupe) en indiquant titre, auteur, éditeur, année de parution, principaux personnages et leur rapport entre eux, lieu et époque dans lesquelles se déroule l'action.

Acrostiche
Épreuve alternative simple permettant de mettre les élèves en confiance. Elle consiste à reprendre le titre de l'ouvrage, de l'écrire à la verticale et d'utiliser chaque lettre en les complétant de manière à indiquer les thèmes, les lieux ou les personnages figurant dans le roman.

Réalisation d'une grille de mots croisés (épreuve n°1b)
À partir des lieux décrits, des concepts véhiculés par l'histoire ou des personnages célèbres intervenant dans l'ouvrage, les groupes réalisent une grille de mots croisés. Il est possible de complexifier l'épreuve en demandant aux groupes de créer deux définitions différentes pour chaque mot selon la difficulté souhaitée et le niveau de langue. Les grilles réalisées par une classe sont alors proposées aux autres. Cette épreuve permet d'entraîner les élèves à l'utilisation d'un ou de plusieurs dictionnaires.

[72] Brevet informatique et Internet, épreuve désormais intégrée au Brevet des collèges

Rédaction d'un texte incitatif sur l'un des ouvrages du défi (épreuve n°2)
L'élève doit tenir compte des caractéristiques du texte incitatif à partir d'un repérage fait préalablement en classe avec d'autres ouvrages, pour rédiger à son tour un texte cohérent qui donne envie à d'autres de lire le livre choisi. Il est important que l'élève se trouve dans une situation réelle de communication et que l'ouvrage lui ait plu. Le blog s'avère l'outil idéal pour mettre en valeur les meilleures contributions.

Questionnaire avec livres (épreuve n°3)
Cette épreuve vise à vérifier avant tout la compréhension globale des ouvrages.
Les questions sont rédigées par les élèves eux-mêmes à partir de trois ouvrages choisis par le groupe parmi les seize. Les questions les plus pertinentes et les mieux formulées sont choisies en priorité par les enseignants. Elles sont ensuite regroupées dans un questionnaire qui sera soumis à tous les groupes. Avoir sa question choisie pour le questionnaire permet bien sûr d'obtenir un avantage sur les autres groupes ce qui constitue une motivation supplémentaire.

Rédaction d'un texte narratif (épreuve n°4a)
L'élève doit s'inspirer d'une des thématiques abordée dans les ouvrages du défi.
Cette activité d'écriture exerce « les capacités d'invention » de l'élève. Elle est le fruit « d'un projet collectif ou individuel et suppose un travail patient, continu et réfléchi, d'améliorations et de corrections, selon les critères suivants : cohérence, visée, respect des consignes, orthographe, syntaxe, lexique ». La consultation et l'utilisation du dictionnaire, du livre de grammaire et de conjugaison s'effectue de manière libre et autonome.
Cette épreuve crée des situations propices à un véritable échange entre les élèves.
Le groupe « doit pouvoir présenter un texte d'une vingtaine de lignes de manière lisible, avec une graphie claire et régulière. Il doit veiller à la correction de la langue et à la ponctuation. Il apprend à organiser son texte en paragraphes et à ménager des alinéas. »
L'épreuve est réalisée en deux ou trois temps d'une heure selon le niveau de la classe. À l'issue du premier essai, le professeur ramasse les brouillons et les annote brièvement en formulant des conseils visant à l'amélioration du texte selon les consignes données. Le deuxième essai vise à rédiger un texte cohérent qui tienne compte des consignes et la troisième heure permet de s'attacher davantage à la correction de la langue, à la mise en page et à la lisibilité.
L'élève « comprend ainsi la nécessité de revenir sur son propre travail afin de l'améliorer. Il s'habitue aussi peu à peu à structurer ses écrits en améliorant leur cohérence. » De plus, en fin de 6ème, l'élève doit être capable d'y insérer des descriptions et des dialogues.

Restitution orale d'un texte écrit collectivement (épreuve n°4b)
Cette épreuve suit logiquement l'écriture du texte narratif. Chaque groupe doit dire son texte devant la classe de manière à le rendre vivant. Chaque élève du groupe doit participer à cet exercice. L'objectif est de contribuer à « améliorer la qualité de l'expression, à travailler la mise en voix, la gestuelle et l'occupation de l'espace ».

Questionnaire sans livre (épreuve n°5)
Il s'agit de développer les mêmes compétences que pour l'épreuve précédente en vérifiant ce que les élèves ont retenu d'une lecture plus approfondie. Les groupes composés d'élèves ayant lu le maximum d'ouvrages sont favorisés puisqu'ils peuvent s'entraider. De ce fait, il est important de varier les niveaux de lecture à l'intérieur d'un groupe tout en permettant aux élèves de choisir leurs coéquipiers.

Création d'une affiche pour le défi lecture de l'année suivante
À partir d'un cahier des charges communiqué aux élèves, chaque groupe réalise une affiche. Le cahier des charges précise les dimensions, les informations à faire obligatoirement figurer, éventuellement un thème, une palette de couleur, etc.

Le panel d'épreuves est inépuisable et chacun trouvera de quoi alimenter ses objectifs pédagogiques. À noter que dans toutes les épreuves proposées, le travail collaboratif est favorisé, voire imposé.

5. Autres notions abordées

Les TIC sont également au cœur de la démarche adoptée, et répondent tant aux objectifs du professeur-documentaliste qu'à ceux du professeur de français. Ce dernier a notamment « recours au traitement de texte, lequel permet une visualisation particulière du texte, modifiant le rapport de l'élève à celui-ci, pour son élaboration, sa construction, sa présentation et sa diffusion ».

B2i
Dans notre cas, le défi lecture a été le moyen de valider quelques items du B2i[73].

- S'identifier sur le réseau du collège (1.1).
- Mettre ses compétences informatiques au service d'une production collective (2.7).

[73] - Ministère de l'Éducation nationale, circulaire n° 2006-169 du 07-11-2006 relative au Brevet Informatique et Internet (B2i) école, collège, lycée, *BO* n°42 du 16 novembre 2006.
- Ministère de l'Éducation nationale, arrêté du 14-6-2006 relatif au Brevet Informatique et Internet : connaissances et capacités exigibles pour le B2i, *BO* n°29 du 20 juillet 2006.

- Savoir envoyer un message avec un fichier joint (5.3).

Lecture de graphique

De manière plus anecdotique, les résultats ont été publiés après chaque épreuve à l'aide d'un tableur. Une aide à la compréhension des graphiques a été nécessaire à la suite des deux premières épreuves, leur lecture ne posant plus ensuite de difficulté aux élèves.

Résultats au terme de la première et de la dernière épreuve (scores par équipe)

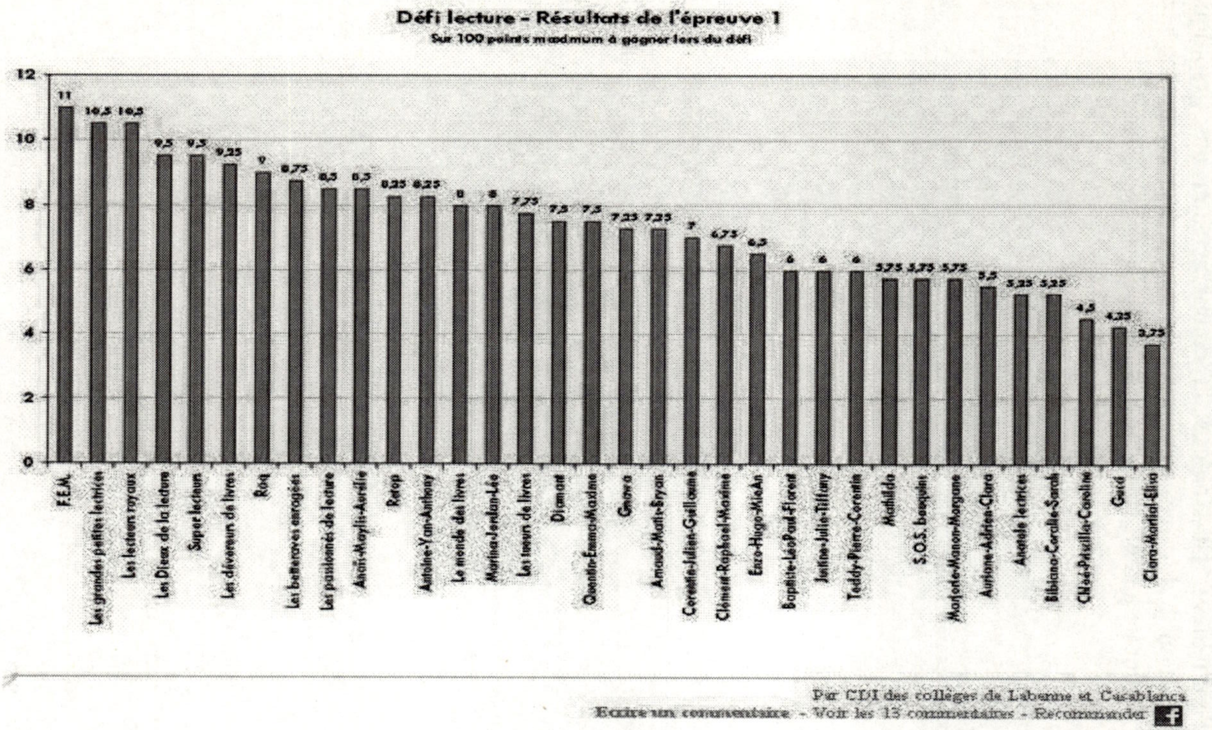

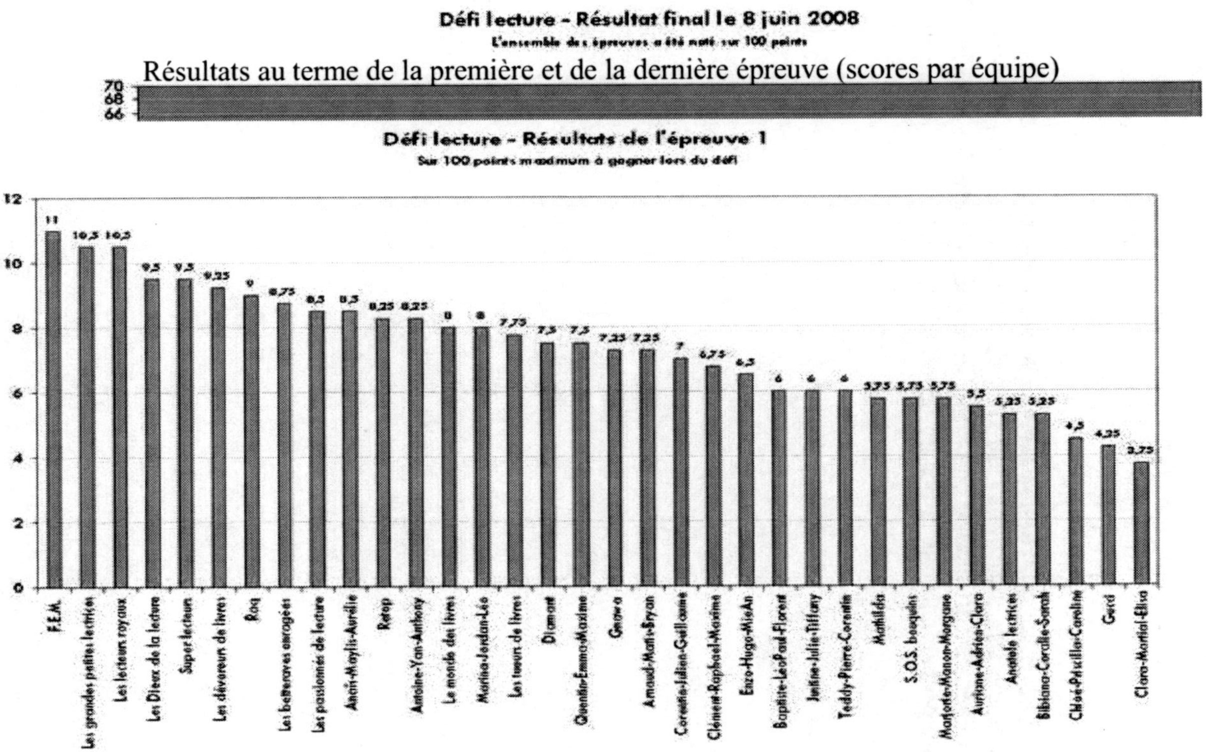

Par CDI des collèges de Laberne et Casablanca
Ecrire un commentaire - Voir les 15 commentaires - Recommander

Conclusion

Les impacts de la mise en œuvre d'un défi lecture tel qu'il est décrit dans cet article sur le rôle et les missions du professeur-documentaliste sont multiples[74] :

- Le professeur-documentaliste est partenaire de l'enseignement disciplinaire et met en résonance des notions abordées dans le programme de français,
- il contribue à « contextualiser » le travail fait en classe et à lui donner du sens,
- il soutient l'émergence d'une façon d'apprendre alternative, tournée vers la collaboration au sein d'un groupe, favorisant le partage des compétences et la découverte de l'autre. On retrouve là certains principes des Itinéraires de Découverte (IDD), largement abandonnés aujourd'hui dans les collèges,
- il attire de nouveaux utilisateurs du CDI et contribue à élargir le lectorat au sein du collège. Le défi lecture constitue ainsi une opportunité pour les élèves en difficulté ou peu habitués à lire de découvrir la diversité et les richesses de la littérature.

---

[74] Ministère de l'Éducation nationale, circulaire n° 86-123 du 13 mars 1986 relative aux missions des personnels exerçant dans les centres de documentation et d'information, *BO* n°12 du 27 mars 1986.

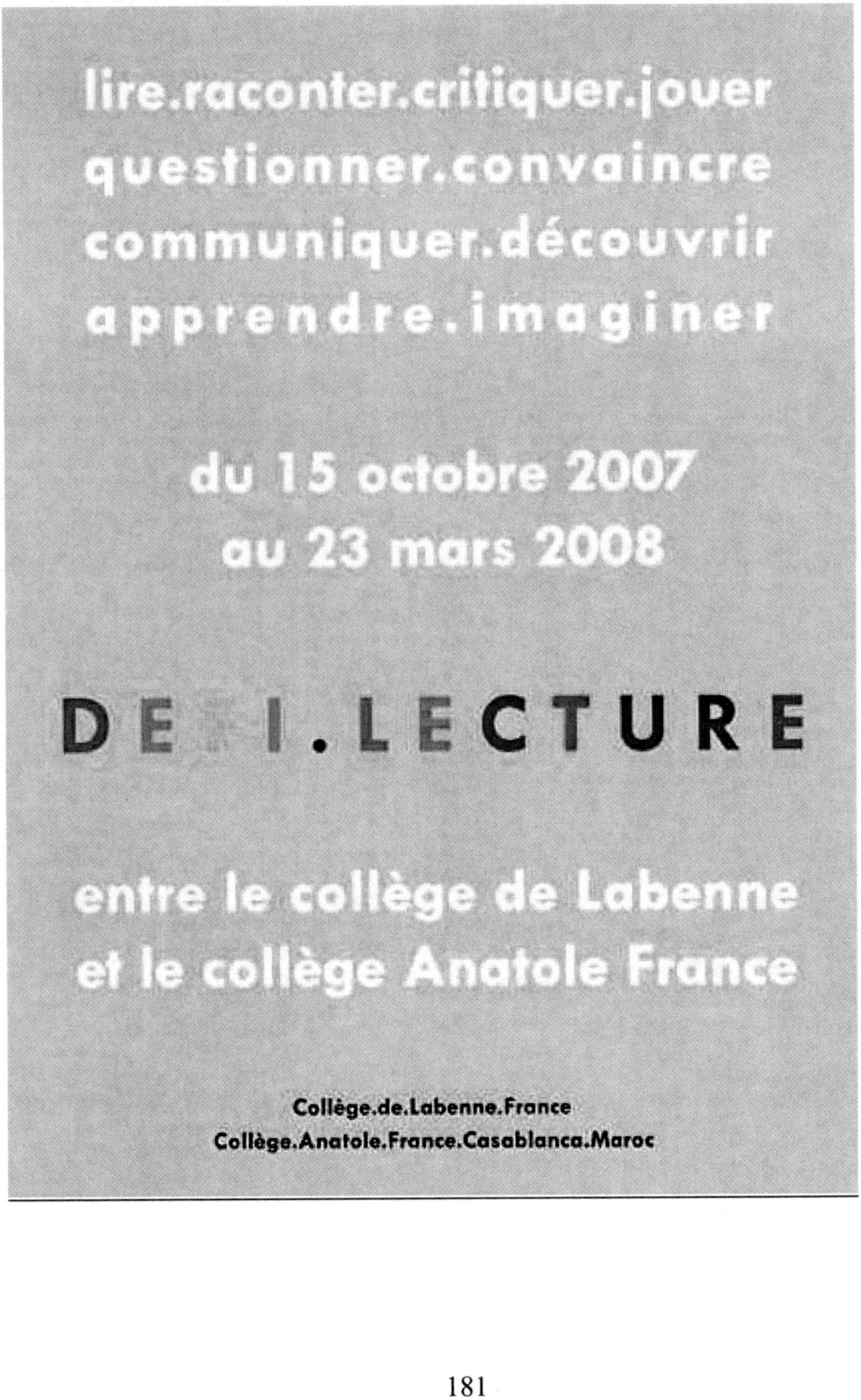
lire.raconter.critiquer.jouer
questionner.convaincre
communiquer.découvrir
apprendre.imaginer
du 15 octobre 2007
au 23 mars 2008
DEFI.LECTURE
entre le collège de Labenne
et le collège Anatole France
Collège.de.Labenne.France
Collège.Anatole.France.Casablanca.Maroc

Espèces en voie d'incrustation

Bonne nouvelle : la biodiversité de la planète CDI n'est pas en danger.
J'ai pu observer, ces dernières semaines, l'apparition de nouvelles espèces, bien vivantes !
Ainsi, à côté des traditionnels rats de bibliothèque, cohabitent, en nombre grandissant, d'autres spécimens.
Il y a les sardines, serrées devant les ordinateurs, qui se laissent prendre dans les filets de la toile. Il y a les bêtes de travail, lâchées là par leur professeur, qui recherchent leur nourriture dans les encyclopédies. Il y a les éléphants, capables de connaître la classification Dewey sur le bout de leur trompe, tant ils se sont entraînés sur BCDI. Il y a les bêtes de somme, vautrées dans les fauteuils, qui s'offrent une petite sieste, cachées derrière un paravent de revues. Il y a les bêtes à concours, qui pullulent à chaque fois qu'un questionnaire rempli offre l'espoir d'une récompense alléchante. Il y a les crocodiles qui, sans doute victimes de lectures émouvantes, quémandent à longueur de journée des Kleenex®. Enfin il y a les petites bêtes, planquées dans les archives, et qui détallent à la moindre tentative de remue-ménage.
Personnellement, je ne vois aucun inconvénient à ce mélange des genres. Cependant, n'oublions pas que l'équilibre reste fragile. En effet, la météo annonce un refroidissement. Or, avec le réchauffement du CDI causé par la chaleur animale et l'apparition du chauffage, je redoute un envahissement massif de certaines espèces en voie d'incrustation.
Aux scientifiques qui viendraient faire des observations, je recommande la tranche horaire de 12h30 à 13h30 et surtout la discrétion, notamment lorsqu'ils sortiront leur carnet de notes : on a remarqué que la vue de cet objet pouvait rendre certaines espèces nerveuses, voire agressives.

Agnès Cornet
Professeure-documentaliste
Lycée Lucas De Nehou (Paris)

L'atelier CDI des 6ème

Philippe Marhic[75]
Professeur-documentaliste
Collège Mozart (Paris)

Francine Debarge[76]
Documentaliste
Collège Mozart (Paris)

Tout le monde connaît la fameuse « heure » académique de formation des élèves de 6ème au fonctionnement du CDI. De la même manière, tout le monde s'accorde à reconnaître qu'elle est largement insuffisante. Ainsi, selon les établissements, cette heure devient deux, voire trois heures de formation, parfois même une formation sur deux ou trois mois. Hélas, les créneaux sont souvent pris sur d'autres activités (français, soutien, alternance avec l'heure de vie de classe ou l'option DP[77]...) selon le bon vouloir des collègues disciplinaires ou de la vie scolaire. Et lorsque le travail s'effectue en groupe, la composition de ces groupes de soutien change sans arrêt rendant impossibles toute systématisation et tout suivi du travail. Dire qu'il suffirait qu'il y ait une heure de documentation inscrite à l'emploi du temps annuel... à la place d'une heure de permanence par exemple. C'est précisément ce que nous avons expérimenté dans mon établissement cette année, et la différence s'est nettement faite sentir.

Tout d'abord en termes de régularité. L'heure de documentation étant inscrite au planning hebdomadaire des élèves de 6ème, les séances ont pu avoir lieu tout au long de l'année sans interruption à raison d'une heure de documentation par classe toutes les semaines faisant alterner les deux groupes de travail constitués dans chaque classe. Deux heures de documentation mensuelles, en alternance avec deux heures de permanence, en première heure de cours de l'après-midi. Les 6ème 1 bénéficiaient de cette formation le lundi, les 6ème 2 le mardi, etc.

Ensuite en termes de stabilité, les groupes étant des demi-groupes classe constitués selon la liste alphabétique, et non en fonction de niveaux disciplinaires ou d'inscription à un autre atelier, et donc immuables. Pas de télescopage avec les options ou heures d'aide au devoir donc.

[75] Professeur-documentaliste, enseignant à l'Université Paris 12 Val-de-Marne, Président de l'association Horizon Sémiologie, auteur de *L'enseignement individuel, une alternative à l'échec scolaire*, Paris, L'Harmattan, 2009, 292 p.
[76] Documentaliste, conceptrice de tous les exercices proposés en annexe
[77] Option découverte professionnelle

Enfin en termes d'efficacité. En effet, toutes les séances de travail ont pu être programmées à l'avance et réalisées de manière méthodique. L'atelier documentation a donc pu se dérouler en trois temps correspondant aux trois trimestres :

- 1er trimestre : « cours » de documentation (= maîtrise de l'outil de base).
- 2ème trimestre : découverte des ressources (orientation, encyclopédie, périodiques divers, collections particulières (oxygène, philo…), BD historiques et autres…).
- 3ème trimestre : pratiques de lecture via un club de lecture (lecture à voix haute (théâtre, contes…), choix de livres, résumés, critiques, fiches de lecture (en vue du rallye lecture en 5ème), techniques de rédaction…

Entrons un peu plus dans le détail.

Les six cours du premier trimestre reprennent les instructions officielles (cf. circulaire de mission du 13/03/1986) :

- découverte du lieu CDI et de ses ressources : a/ son agencement en différents espaces (romans, documentaires, orientation, banque de prêt) et b/ ses différents matériels (ouvrages papier, CD, ordinateurs, …périodiques, usuels),
- découverte du système de classification des romans et contes,
- découverte du système de classification des documentaires (Tableau de classification Dewey),
- sélection d'une ressource,
- formation à l'utilisation de la base de données BCDI.

La meilleure préparation passant par la pratique, un exercice avec déplacements autorisés dans le CDI et manipulation de matériel est proposé à chaque séance. Cet exercice, qui peut s'effectuer de manière collaborative, en petites équipes de deux ou trois élèves, donne lieu à notation. En général, les notes sont excellentes. Leur moyenne est communiquée aux professeurs de français et, avec leur accord, est intégrée à la moyenne disciplinaire sous forme d'un bonus d'un ou deux points en fin de trimestre.
Des fiches d'exercices vous sont proposées en fin d'article pour illustrer certaines des séances de cette séquence.

Les cinq séances du second semestre donnent lieu à l'exploration approfondie de certaines ressources :

- feuilletage de certains périodiques (*Virgule*, *Arkéo*, *Science & vie junior*, *L'actu…*) et comparaison de leur contenu et organisation (repérage des sommaires et rubriques, type d'articles ou dossier tant dans leur fond que dans leur forme…) ;
- comparaison des différents types de BD : historiques, biographiques, classiques (Agatha Christie, pièces de Molière en BD, collections des éditions

Emmanuel Proust, Mosquito et Adonis entre autres), de société (notamment la série Tendre banlieue ainsi que des BD sur l'écologie) ;
- découverte du mode d'utilisation des différents dictionnaires et encyclopédies papier du CDI à travers un entraînement à la recherche, mais également des dictionnaires et encyclopédies en ligne ;
- feuilletage de la collection *Oxygène* avec commentaires des élèves sur les ouvrages qui leur semblent intéressants ;
- découverte et utilisation du coin orientation (dictionnaires des métiers et ouvrages généralistes sur les métiers avec recherches à partir de leur sommaire ou index) ainsi qu'accès à certains sites adaptés aux 6èmes tel *lesmétiers.net.*
Lorsqu'il s'agit de livres, après une brève présentation de leur catégorie générale, ils sont mis sur les tables à disposition des élèves qui peuvent librement circuler entre les tables pour les consulter et se les échanger. Pour les ordinateurs, des casques sont fournis afin d'écouter les éventuelles vidéos. Ainsi, chaque élève visionnera une vidéo sur un métier de son choix sur *lesmétiers.net* après présentation sommaire de l'organisation du site et de ses fiches métiers.
Après 40 à 45 minutes de travail, un tour de table est réalisé afin que tous ceux qui le souhaitent puissent faire part de leurs remarques ou questions à tout le groupe, voire résument rapidement le travail effectué ou le document feuilleté. Les cinq dernières minutes de la plupart de ces séances donnent lieu à emprunt des ouvrages consultés.

Les séances du troisième trimestre se déclinent en club lecture avec :
- choix d'extraits de pièces de théâtre en BD (Molière) ou au rayon théâtre (*L'inspecteur Toutou, Pétrouchka, L'affaire Barbe-Bleue, 20 pièces à jouer, Petit théâtre des grands personnages…*) dont certaines scènes seront préparées et lues par petits groupes durant la séance ;
- apprentissage au choix d'un livre grâce à sa quatrième de couverture, son sommaire ;
- résumé et critique, sous forme de table ronde, de livres qui auront été lus à la maison avec pour objectif d'expliciter s'ils peuvent être conseillés aux camarades, pourquoi ils ont plu ou non, quel est leur apport en termes d'acquisitions personnelles, mais également de faire émerger les sensations et sentiments éprouvés par le lecteur… ;
- lecture à haute voix de passages qui ont particulièrement plu au lecteur (chacun lisant ce qu'il souhaite après s'être préparé à la maison, même les lecteurs en difficulté participent sans crainte et dans une ambiance d'écoute attentive) ;
- réalisation de fiches de lecture ;
- apprentissage de techniques de rédaction d'un résumé, sachant que le titre est le plus petit résumé possible du livre puisqu'il récapitule généralement l'accroche (vs résumé) que constitue la quatrième de couverture.

Ces deux dernières activités préparent au rallye lecture ouvert à tous les élèves de cinquième.

Et voici la fin de l'année, sans qu'on ait vu passer le temps, avec des élèves devenus des utilisateurs actifs et raisonnés d'un CDI dédramatisé. Des élèves qui, dans leur grande majorité, le fréquentent désormais sans la moindre crainte ni le moindre rejet, sachant utiliser dans toute leur diversité les moindres ressort d'un CDI désormais maîtrisé, en fonction de leurs goûts et besoins. Bref, des élèves formés et motivés qui savent utiliser, et utilisent pleinement, l'ensemble des ressources du CDI.
En ce qui me concerne, l'utilité, voire la nécessité, d'instaurer une heure de documentation inscrite à l'emploi du temps en ½ groupe sur toute l'année pour les classes de 6ème n'est donc plus à démontrer.

ANNEXES

L'ensemble des documents annexes a été réalisé par madame Francine Debarge.

LE PLAN DU C.D.I

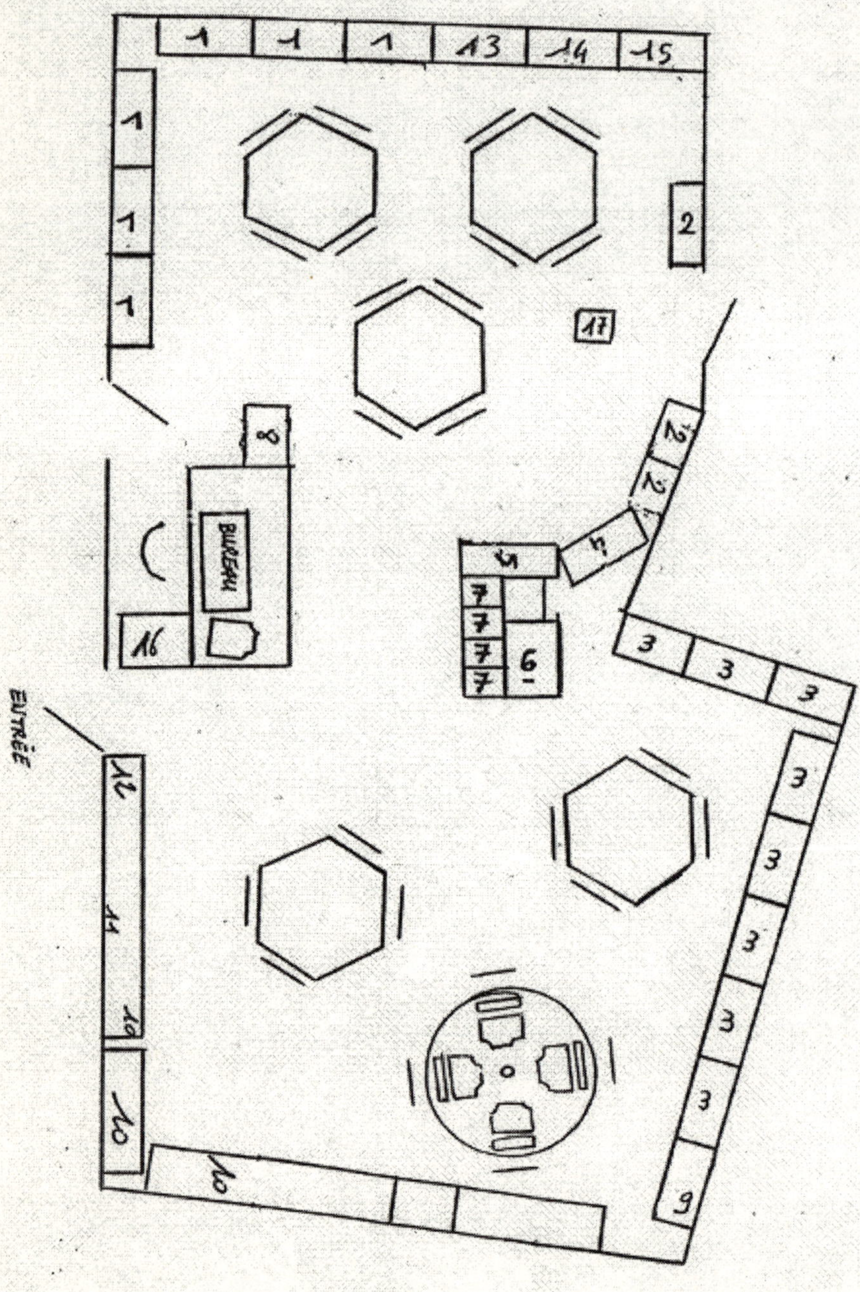

En t'aidant de l'affichage du CDI, indique ce que tu peux trouver aux emplacements numérotés sur le plan :

0 :

1 :

2 :

3 :

4 :

5 :

6 :

7 :

8 :

9 :

10 :

11 :

12 :

13 :

14 :

15 :

16 :

17 :

LE CLASSEMENT DES DOCUMENTAIRES

Les ouvrages documentaires traitent de toutes sortes de sujets. Ils peuvent aborder n'importe quel domaine de la connaissance.
Pour permettre de trouver facilement un livre sur un sujet donné, on a inventé un système de classification décimale (classification Dewey) qui est utilisé dans toutes les bibliothèques du monde.
Les connaissances humaines ont été divisées en 10 disciplines :
(Religion, Sciences, Techniques, Littérature...) qui, elles-mêmes, sont subdivisées en 10 domaines de connaissance.
Tout le savoir est contenu dans ces 100 cases.

LES 100 CASES DU SAVOIR

Observez bien le tableau des 100 cases du savoir et réfléchissez. Pour chacun des sujets suivants, cherchez :
- dans quelle case on pourrait bien trouver un livre parlant de ce sujet,
- entre quels nombres la cote du livre serait-elle comprise ?

	Nom de la case	**Cote comprise entre**
-Le football	…………………	…………………
-La confection d'un gâteau	…………………	…………………
-La fabrication d'un tissu	…………………	…………………
-Les tableaux de Van Gogh	…………………	…………………
-Les différentes races de chiens	…………………	…………………
-La vie d'un pharaon	…………………	…………………
-Les dieux de la Grèce	…………………	…………………
-Moïse	…………………	…………………
-Les sioux	…………………	…………………
-L'Espagne au XVIe siècle	…………………	…………………

DES DOCUMENTAIRES PARTICULIERS : LES BIOGRAPH1ES

Une biographie est le récit de la vie d'une personne qui a vécu à une autre époque ou qui vit encore. Parfois la biographie est écrite par la personne elle-même ; c'est alors une autobiographie.

On reconnaît la cote d'une biographie à la lettre B.
Sous la lettre B se trouvent 3 lettres, mais ATTENTION !
À la différence des romans, des contes et des documentaires, ces trois lettres ne sont pas les trois premières lettres du nom de l'auteur, mais les trois premières lettres du nom de la personne dont on raconte la vie dans le livre.

Ex. : un livre qui fait le récit de la vie de Mozart aura la cote : B MOZ

Cherchez quelle est la cote des biographies suivantes :

- *Geronimo le dernier chef apache* par Leigh SAUERWEIN
- *L'histoire d'Helen Keller* par Lorena HICKOK
- *Il était une fois le capitaine Dreyfus* par Bertrand SOLET
- *Ariel ou la vie de Shelley* par André MAUROIS

J'AI CHOISI DE FAIRE UNE RECHERCHE SUR (choisis un animal) : ……………………………………..

Après consultation de la base de données **BCDI**, je pense pouvoir trouver les informations qu'il me faut dans les documents suivants*

REFERENCES DE LIVRES	
Titre du livre	Cote

REFERENCES DE PERIODIQUES				
Nom du périodique	Numéro	Date de parution	Titre de l'article	Pages

* ATTENTION aux pièges :
- Une cote de documentaire commence par un nombre et non par la lettre R (roman) ou la lettre C (conte)
- Lis les résumés pour t'assurer qu'il s'agit bien du document que tu cherches. Exemple : *Les contes du chat perché* n'est pas un documentaire sur les chats.

LE CLASSEMENT DES ROMANS ET DES CONTES

Voici une liste de romans et de contes
que l'on peut trouver au CDI :

1	*Contes de rue Broca*	de Pierre Gripari
2	*Charlie et la chocolaterie*	de Roald Dahl
3	*Emile et les détectives*	de Erich Kästner
4	*Les aventures de Tom Sawyer*	de Mark Twain
3	*La sixième*	de Susie Morgenstern
6	*L'œil du loup*	de Daniel Pennac
7	*Croc blanc*	de Jack London
8	*Les contes rouges du chat perché*	de Marcel Aymé
9	*La gloire de mon père*	de Marcel Pagnol
10	*Contes du monde arabe*	de Jean Muzi

Imaginez que vous deviez coller une étiquette au dos de chacun de ces livres. Quelle cote faudrait-il écrire sur ces étiquettes ?

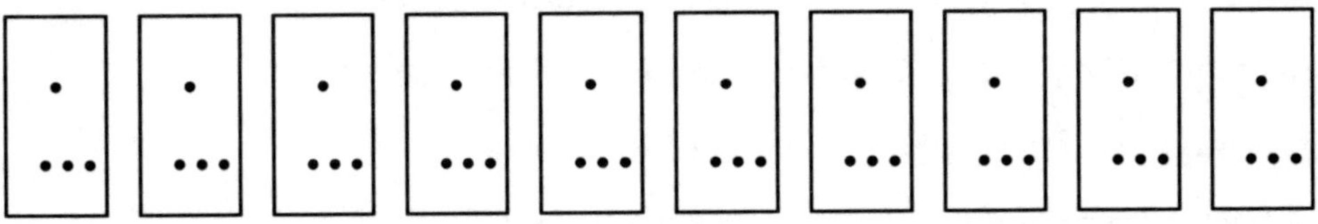

Si vous deviez ranger ces livres sur les étagères, dans quel ordre les placeriez-vous ?

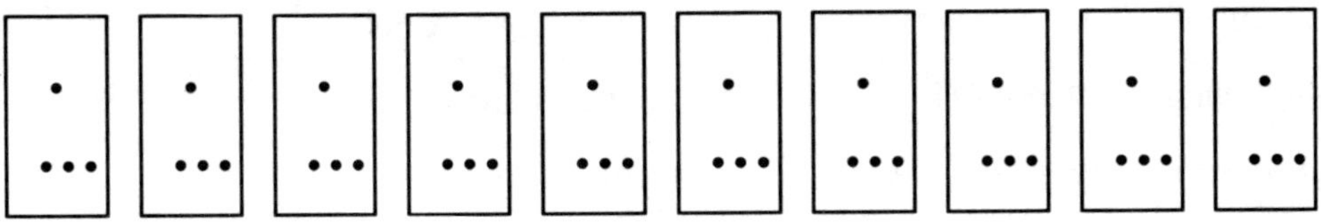

À quoi sert la cote d'un livre ? ....

DRÔLE DE BIBLIOTHEQUE

Celui qui possède cette bibliothèque aime beaucoup les calembours. Un calembour est un jeu de mots fondé sur une équivoque, une similitude de sons.
Regarde attentivement les titres des livres représentés sur ce poster. Chaque titre est un calembour.
Je te donne le nom de l'auteur, alors cherche le « vrai » titre du livre. Exemple: *Le petit tâcheron rouge* de Charles Perrault…
Il s'agit bien sûr du Petit chaperon rouge.

En utilisant la base de données BCDI ou en regardant sur les étagères, cherche quels titres se cachent derrière...

Le vase de l'oncle Tom	de Harriett Beecher-Stowe
Le mystère de la jambe jaune	de Gaston Leroux
Le chat crotté	de Charles Perrault
Les trois mousses à terre	d'Alexandre Dumas
Les quatre fils du moteur Darch	de Louisa-May Alcott
Les voyages de Jules Hiver	de Louis Pergaud
La guerre des moutons	de Rosny aîné
L'affaire du gué	de Victor Hugo
Les riz aimables	d'Alphonse Daudet
Les lettres de mon poulain	de la comtesse de Ségur
Les mémoires d'un crâne	de Mark Twain
Les aventures de Tom Saveur	d'Agatha Christie
Dix petits maigres	de Gustave Flaubert
Madame Bove a ri	de Daniel Defoe
Robinson crut Zoé	de Jonathan Swift
l'île aux 13 ors	de L.R. Stevenson

Le B-A BA de l'exigence

Outrés ! Outrés et sidérés ! Tels étaient les nombreux élèves à qui j'ai refusé les manuels scolaires rendus non couverts en fin d'année. Comment pouvais-je avoir le culot d'exiger d'eux un effort pareil ? Ils n'y croyaient pas. Et pourtant, tous, ils étaient refoulés. Mon ton péremptoire (moi-même je me faisais peur) et les moyens de pression bien réels ne laissaient place à aucune discussion. Alors, ce qui leur semblait impossible : se déplacer chez Gibert Jeune, faire la queue, acheter les manuels manquants, ou bien acheter un rouleau de plastique et s'y coller, ils l'ont fait !

Ils ont bien dû se plier à cette exigence, comme ils devront se plier (et tant mieux pour eux s'ils y parviennent) à d'autres exigences imposées par la société.

Quant à moi, qu'est-ce qui a bien pu motiver une telle dépense d'énergie ? Pourquoi n'ai-je pas hésité à faire deux fois, voire trois fois le travail pour la plupart des élèves ?

L'indignation sans doute. Face à des élèves qui se croient au-dessus du règlement, qui méprisent en bloc : leurs pairs, leurs enseignants, l'argent de nos impôts, et la chance inouïe qu'ils ont d'être scolarisés quasiment gratuitement !

Rendre des manuels couverts, c'est bien. Mais les couvrir dès le début de l'année, c'est beaucoup mieux ! Alors, cet encadré n'est pas seulement un coup d'gueule pondu à chaud. Il est aussi un appel à votre coopération. Ce sera peut-être la première de vos exigences, et nous savons combien « les premières » sont importantes. Si le laxisme est déjà là, alors…

Alors, n'hésitez pas ! Le respect des manuels et des consignes, faites-en une réelle obligation.

À vous de trouver les moyens de pression qui vous conviennent et qui marchent.

Agnès Cornet
Professeure-documentaliste
Lycée Lucas De Nehou (Paris)

Quatrième partie - Les TICE en question

Êtreprofdoc@sos.com
Ou comment Internet questionne le sentiment de légitimité du professeur-documentaliste[78]

Par Anne CORDIER
Professeure-documentaliste
Collège Bracke Desrousseaux, (Vendin le Vieil - 62)
Doctorante en Sciences de l'Information et de la Communication,
GERIICO, Lille 3
ERTÉ Culture informationnelle et curriculum documentaire

Professeure-documentaliste en collège, j'ai rapidement été confrontée au rapport que les élèves entretiennent avec Internet, mais aussi amenée à m'interroger sur notre propre relation à l'outil numérique. Désireuse de construire une réflexion structurée autour de cette problématique, je me suis engagée depuis septembre 2007 dans une recherche universitaire inscrite dans le cadre d'un doctorat en Sciences de l'Information et de la Communication. Ma recherche porte sur les systèmes de représentations développés par les enseignants-documentalistes et les élèves de 6ème sur Internet en tant qu'outil de recherche et objet d'enseignement. Je suis conduite pour cette étude à confronter les pratiques non formelles observées et déclarées par les élèves en matière de recherche sur Internet, aux pratiques formatives mises en place par les enseignants-documentalistes.
Au point où en est mon investigation, j'ai pu prendre conscience à quel point Internet questionne la place de l'enseignant-documentaliste dans le système de formation à la recherche documentaire, et combien le professeur-documentaliste voit remises en cause les modalités traditionnelles de formation à la recherche auprès des élèves.

Introduction

Il est devenu peu original de le dire : les technologies de l'information et de la communication, au premier rang desquelles se situe Internet, ont complètement bouleversé le système de transmission des savoirs. Depuis une dizaine d'années, un nombre pléthorique de textes officiels, notamment, fait part de cette déstabilisation de la logique traditionnelle d'enseignement, pointant l'urgence de la prise en charge sociétale d'un apprentissage à la fois indispensable et complexe.

---

[78] Les deux premiers articles de cette partie sont complémentaires, l'un sous l'angle théorique, l'autre sous l'angle pratique.

Le 18 janvier 1998, Lionel Jospin, alors Premier Ministre, présente le programme d'action gouvernemental intitulé « Pour préparer l'entrée de la France dans la société de l'information », dans lequel une approche pédagogique est clairement privilégiée : par les TIC il s'agit de « conduire les élèves à une démarche plus active ».
En 2000, le dispositif B2i (Brevet Informatique et Internet), instauré dans les enseignements primaire et secondaire, témoigne d'une prise de conscience des institutions d'une nécessaire formation aux technologies numériques. Il s'agit de « faire acquérir, par chaque élève, les compétences lui permettant d'utiliser de façon réfléchie et efficace ces technologies et de contribuer à former ainsi des citoyens autonomes, responsables, doués d'un esprit critique »[79]. À partir de la session 2008, l'institution rend obligatoire la validation du B2i collège au brevet des collèges. En 2005, l'Unesco publie un rapport mondial, significativement intitulé « Vers les sociétés du savoir », qui érige la notion d'« apprenance » (traduction de *learning*) en phénomène incontournable de la société dite de l'information. Le temps est venu de l'apprentissage constant, en évolution permanente. Et les membres de l'Unesco de rappeler qu'une telle approche remet l'acteur humain, un temps soumis aux avènements technologiques, au cœur de l'acquisition et de la production du savoir : les outils informatiques, tel Internet, ne sont que des outils, et leur existence rend d'autant plus prégnante la nécessité d'une présence experte auprès de l'apprenant lors du processus d'apprentissage. Au fondement d'un apprentissage efficace se situe « la capacité à chercher, hiérarchiser et organiser l'information omniprésente »[80].
D'ailleurs la « maîtrise des techniques usuelles de l'information et de la communication » constitue le quatrième pilier composant le Socle commun de connaissances et de compétences, établi par la Loi d'Orientation et de Programme pour l'Avenir de l'École du 23 avril 2005.[81]

Les recherches sur l'enseignement de la recherche d'information et sur le rôle du professeur-documentaliste, souvent liés, émergent de manière d'autant plus prégnante ces dernières années, subissant ainsi une évolution en cohérence avec les préoccupations pédagogiques et didactiques de la société.

---

[79] FRANCE. Ministère de l'Éducation nationale, de l'Enseignement Supérieur et de la Recherche. DESCO. « Brevet Informatique et Internet (B2i) École-Collège ». *Bulletin Officiel de l'Éducation nationale*, 23 novembre 2000, n°42. Disponible sur : http://www.education.gouv.fr/bo/2000/42/encart.html

[80] Unesco (2005). Vers les *sociétés* du Savoir : rapport mondial [en ligne]. *Unesco*. 2005. 232p. [réf. du 07/02/2009]. Disponible sur : http://unesdoc.unesco.org/images/0014/001419/141907f.pdf

[81] FRANCE. Ministère de l'Éducation nationale, de l'Enseignement Supérieur et de la Recherche. « Socle commun de connaissances et de compétences ». *Bulletin Officiel de l'Éducation nationale*, 20 juillet 2006, n°29. Disponible sur : http://www.education.gouv.fr/bo/2006/29/MENE0601554D.html

Après une importante centration sur l'histoire des CDI, les recherches universitaires françaises ont en effet longtemps porté les marques du problème identitaire et la quête d'une légitimité par la profession[82]. Les TIC, en créant un nouveau contexte informationnel dans les CDI, donnent une autre dimension à l'action du documentaliste. « Perçu initialement comme un lieu complémentaire du cours, de culture générale, le CDI est en train de devenir, sous la pression des mutations sociales et l'évolution des objectifs du système éducatif, un lieu de formation et d'apprentissage de nouvelles compétences impliquant la maîtrise des processus de recherche, d'exploitation et de communication de l'information »[83]. Hubert Fondin décrit le CDI comme un moyen « pour ouvrir l'enseignement sur la vie », « pour apprendre à mieux maîtriser les apports sauvages »[84].

Mais au sein du CDI, le professionnel de l'information est en proie aux doutes : *« Avec Internet, ils savent tout chercher tout seuls, à quoi je sers alors, moi ? »*, exprime une enseignante-documentaliste de collège. Ils sont nombreux, les professeurs-documentalistes que nous avons rencontrés, qui s'interrogent sur leur légitimité à enseigner la recherche d'information sur Internet, qui éprouvent des difficultés à se positionner face à l'outil numérique, ne parvenant pas toujours à s'imposer face au couple fusionnel que constituent l'élève et Internet. Quelle légitimité a donc aujourd'hui l'enseignant-documentaliste pour former les élèves à la recherche informationnelle sur Internet ? Quelle place peut revendiquer ce professionnel de l'information et de la communication face à cet objet d'enseignement difficile à maîtriser ?

1. Internet, fossoyeur de l'enseignement de la recherche d'information ?

Avec Internet, l'enseignement de la recherche d'information est remis en cause dans ses modalités didactiques et pédagogiques. Certains enseignants-documentalistes en sont à se demander s'il est pertinent de former à la recherche d'information sur Internet, subodorant que celle-ci répond à des mécanismes exclusivement instinctifs de la part des élèves.

---

[82] LE GOUELLEC-DECROP, Annick. *Les documentalistes des établissements scolaires : émergence d'une profession écartelée en quête d'identité.* Thèse de doctorat en Sciences de l'Éducation sous la direction de Marguerite Altet. Université de Nantes, 1997.
BRAUN, Jean-Paul. *De l'identité professionnelle des documentalistes de CDI des établissements scolaires du second degré.* Thèse de doctorat en Sciences de l'Éducation sous la direction de Gérard Fath. Université de Nancy II, 2000.

[83] CHAPRON, Françoise (2003). *Les CDI des lycées et collèges.* 3ème édition. Paris : Presses Universitaires de France, 245p. (Éducation et Formation).

[84] FONDIN, Hubert (1992). *Rechercher et traiter l'information.* Paris : Hachette Éducation, 235p. (Profession Enseignant).

1.1. La modélisation de la recherche d'information en étapes remise en cause

Traditionnellement, la recherche d'information est vue selon le modèle des référentiels de compétences, tels celui de la Fadben datant de 1997[85], comme une succession d'étapes strictement définies.

Les enseignants-documentalistes interrogés dans le cadre de notre étude, et ceux que nous côtoyons par notre exercice professionnel, apparaissent très attachés à cet enseignement de la recherche par étapes. Beaucoup construisent les formations à la recherche documentaire selon ces étapes que les élèves sont contraints de respecter de manière scrupuleuse, au nom du *« bon fonctionnement de la recherche : on ne doit pas non plus leur faire faire n'importe quoi ! »,* argue une professeure-documentaliste de lycée.

Cette imposition d'une modélisation de la recherche d'information en étapes répond à une volonté de cadrer la démarche de l'élève, mais elle reflète aussi la conception d'une méthode de recherche prétendument infaillible, une sorte de « bonne méthode » à appliquer systématiquement.

Or peut-on encore imposer aux élèves d'appliquer, lors de leurs recherches d'information sur Internet, cette rigoureuse démarche documentaire ?

André Tricot met en exergue une forte opposition entre une recherche documentaire classique, pouvant se résumer en un cycle totalisant, et une recherche dans les documents non linéaires caractérisée par une série de cycles où la représentation du besoin va évoluer par approximations successives[86].

La vision d'une « bonne méthode » de recherche n'apparaît plus possible dans les faits. En effet, la « sérendipité » conduit à concevoir de manière radicalement différente la recherche d'information. Ce concept, né dans un roman d'Horace Walpole en 1764, désigne le fait de trouver par hasard quelque chose que l'on ne cherchait pas. L'état initial du processus de sérendipité associative consiste en la formalisation explicite par l'utilisateur du fait qu'il ne sait pas ce qu'il cherche. Selon Olivier Ertzscheid et Gabriel Gallezot, fort de cette conscience, l'utilisateur met alors en place une démarche exploratoire reposant sur un raisonnement entièrement intuitif et associatif, et ce quelle que soit la complexité des systèmes consultés[87].

Sans rejoindre l'orientation d'Ertzscheid et Gallezot, André Tricot exhorte à l'adoption d'une *« démarche de zapping »* lors de la phase exploratoire de

---

[85] Fadben (1997). *Compétences en Information-Documentation : référentiel.* Paris : FADBEN-CDI, 28p. (Médiadoc/Les dossiers).

[86] TRICOT, André (2000). « Pratiques documentaires : la construction des savoirs et les démarches d'apprentissage des élèves. Quelles compétences développer ? » [en ligne]. *André Tricot.* 10 mai 2000. 05p. [réf. du 02/10/2008]. Disponible sur : http://perso.wanadoo.fr/andre.tricot/Tricot_s%E9minairePolitkDocu.pdf

[87] ERTZSCHEID, Olivier, GALLEZOT, Gabriel (2003). « Chercher faux et trouver juste : sérendipité et recherche d'information » [en ligne]. *ADEST.* 2003. 13p. [réf. du 06/11/2008]. Disponible sur : http://web.umpf-grenoble.fr/adest/seminaires/sem5mai/gallezot/Gallezot1.pdf

recherche. L'élève n'ayant pas nécessairement une maîtrise du thème de recherche qui lui a été soumis peut, par cette démarche de zapping, atteindre, par approximations successives, une meilleure compréhension de ce qu'il doit rechercher[88].

1.2. Pourquoi enseigner quand même la recherche d'information sur Internet ?

« Dans le champ de l'observation, le hasard ne favorise que les esprits préparés », déclarait Louis Pasteur dans un discours à la Faculté des Sciences de Lille le 7 décembre 1854.

Convaincue de cet état de fait, nous pensons que la recherche d'information sur Internet exige une formation, au même titre qu'une recherche d'information sur un autre support. Certes la sérendipité devient une forme de démarche adoptable par des utilisateurs. Mais ces utilisateurs doivent, à notre sens, être relativement avertis, car cela suppose d'être en mesure d'analyser ses connaissances et besoins informationnels au fur et à mesure du processus de recherche. La progression dans un document non-linéaire représente en soi une activité particulièrement complexe, notamment sur le plan psychologique[89]. Marie, élève de 6ème, confie ses difficultés à se repérer dans un document numérique : *« Il y a plein de boutons, il y a plein de dessins en haut, partout...Moi, je suis complètement perdue ! »*.

Ainsi rejoignons-nous le propos d'Alexandre Serres : *« Il ne faut pas y voir [dans la sérendipité] pour autant la fin de la nécessaire maîtrise des principes et des procédures de recherche ou l'inutilité de tout savoir technique sur les outils de recherche »*.[90]

C'est aussi à ce que nous considérons comme une « disposition d'esprit » que l'élève doit aujourd'hui être formé. L'enseignant-documentaliste a en charge un nouveau défi : former à une démarche de recherche qui soit ouverte aux possibilités offertes par le fonctionnement du réseau. Autrement dit, l'application d'une démarche de recherche par étapes successives n'a pas de sens sur Internet, mais une attention particulière se doit d'être portée à la phase primordiale d'analyse des besoins. Il y a sous-tendue, dans une recherche d'information effectuée, la construction d'une démarche logique par l'apprenant, et il est important d'aider l'élève à envisager sa recherche

---

[88] TRICOT, André (2000). « Je zappe, j'apprends ? » [en ligne]. *Savoirs CDI*. Février 2000. 04p. [réf. du 22/02/2008]. Disponible sur : http://www.savoirscdi.cndp.fr/archives/dossier-mois/tricot/tricot.pdf

[89] ROUET, Jean-François (1993). « Hypertextes et activités de compréhension : quels bénéfices pour quels lecteurs ? ». *Les Cahiers Pédagogiques*, n°311, pp. 35-36.

[90] SERRES, Alexandre (2005). « Les sept grandes tendances de la recherche d'information sur Internet » [en ligne]. *URFIST de Toulouse*. 4p. [réf. du 22/07/2009]. Disponible sur : http://www.urfist.cict.fr/lettres/lettre34/lettre34-31.html

d'information sur Internet selon un raisonnement hypothético-déductif qui caractérise un processus cognitif de construction de savoir.

2. Les « digital natives » n'ont-ils vraiment besoin de personne ?

Si les enseignants-documentalistes se posent aussi fortement la question de leur légitimité face à Internet en tant qu'objet d'enseignement, c'est qu'ils sont confrontés aujourd'hui à des élèves d'un genre nouveau, qui leur paraissent parfois bien éloignés de leur représentation de l'apprenant. Des élèves qui ont un sentiment de maîtrise d'Internet souvent très développé. Et pourtant…

2.1. Nos élèves numériques

Pour certains, une véritable rupture s'est opérée depuis que l'outil numérique a complètement intégré notre vie quotidienne. Marc Prensky, consultant spécialiste des TICE, emploie le néologisme intraduisible « digital natives » pour désigner cette cyberjeunesse qui n'a pas connu le monde sans Internet. Pour Prensky « digital native » est d'abord un concept qui traduit une mutation cérébrale. William D. Linn, directeur du Learning Center de l'université de Washington, va même jusqu'à affirmer le développement chez les jeunes d'un « cerveau hypertexte »[91]. Aux « digital natives », Prensky oppose les « digital migrants », nés dans un univers essentiellement papier, qui ont dû apprendre à vivre avec Internet. Les enseignants appartiennent à cette catégorie, ce qui explique, selon le consultant, les problèmes d'enseignement rencontrés dans le monde scolaire.

Au-delà de son caractère séduisant, la formule de Prensky a le mérite de considérer une évolution générationnelle, et de pointer l'urgence de sa prise en compte.

Toutefois, il convient de nuancer le point de vue du consultant américain qui, non seulement n'est guère très étayé sur un plan scientifique, mais en plus porte un regard à nos yeux beaucoup trop homogène sur la situation des jeunes confrontés à Internet. Nous pensons notamment aux résultats de notre recherche menée en DEA qui ont mis en lumière de fortes disparités d'utilisation et de pratiques d'Internet chez une même tranche d'âge[92]. Référons-nous également au rapport publié en février 2008 par Christine Dioni, chercheur à l'INRP, dans lequel apparaît cette dernière analyse, à partir d'entretiens semi-directifs, et qu'elle nomme la « fracture numérique scolaire ». Son travail montre le décalage important qui se creuse dans la sphère scolaire entre les deux groupes d'acteurs, élèves et enseignants. Son étude a l'intérêt de pointer des lacunes

[91] BAUMARD, Maryline (2008). « Apprendre avec un cerveau numérique ». *Le Monde de l'éducation*, n°368, p. 26-28.

[92] CORDIER, Anne (2006). *Collégiens et Internet : des imaginaires aux pratiques*. Mémoire Master Recherche en Sciences de l'Information et de la Communication, Université de Lille III.

véritables sur le plan informatique constatées chez les adolescents, observation en totale rupture avec l'image « génération branchée » fortement véhiculée[93].
Il n'en reste pas moins que nous convenons tout à fait d'une forme de « disposition d'esprit » remarquée de façon générale chez les jeunes interrogés : Internet cristallise des imaginaires communs, et des horizons d'attente proches. Une étude plus individuelle peut cependant permettre de dévoiler précisément ce que l'ergonomie cognitive nomme le « modèle mental » (ou « carte mentale »), à savoir la représentation qu'un utilisateur se donne de l'objet technique qu'il essaie d'apprivoiser. Le modèle mental qu'un utilisateur se fait d'Internet varie sensiblement d'un individu à l'autre.

Quoi qu'il en soit, nos « élèves numériques » sont, dans une grande majorité des cas observés et interrogés pour notre étude, convaincus de n'avoir guère besoin d'aide en ce qui concerne la recherche d'information sur Internet.
De manière générale, la question de l'expertise en matière de recherche sur Internet traverse les discours des enseignants-documentalistes comme des élèves. Ces derniers, dans leur très grande majorité, reconnaissent n'avoir aucune attente avant les formations documentaires sur Internet. Beaucoup expriment la conviction de détenir déjà suffisamment de connaissances et de compétences pour faire des recherches sur Internet, à la manière de Valentin : « Je sais déjà tout ! », ou de Loïc : « Vous savez, mes recherches sur Internet, elles sont vraiment bien ! »
Les enseignants-documentalistes racontent d'ailleurs les difficultés qu'ils rencontrent au quotidien lorsqu'ils tentent d'avertir un élève sur une pratique de recherche perfectible, celui-ci étant persuadé de « savoir chercher » sur Internet de manière optimale. Tous font part d'un sentiment d'impuissance et laissent paraître un certain agacement face à cette nécessité permanente pour eux de « se justifier », l'élève opposant à leurs conseils une confiance totale à la fois dans ses pratiques personnelles de recherche, mais aussi dans le fonctionnement de l'outil numérique en soi : « Tout le monde peut faire fonctionner Internet, tout le monde est expert en Internet. Sur Internet, on [le professeur-documentaliste] doit se justifier tout le temps : « Non, vous avez tort, ça marche », j'entends souvent. Pour eux [les élèves], ils connaissent Internet, ils savent ouvrir une page, ils savent cliquer, c'est bon, ils ont la solution. Et ça, c'est compliqué à gérer, c'est énervant aussi », reconnaît un enseignant-documentaliste. À travers cet aveu, c'est aussi une conception de l'enseignement qui est remise en cause, celle d'un enseignant détenteur d'un savoir, et d'un élève réceptif, quasi passif.

[93] DIONI, Christine (2008). « Métier d'élève, métier d'enseignant à l'ère numérique : Rapport de recherche pour l'INRP » [en ligne]. *HAL*. [réf. du 16/04/2008]. Disponible sur : http://hal.archives-ouvertes.fr/docs/00/25/95/63/PDF/rapportrecherche0208.pdf (28 pages)

Internet remet en cause cette circulation linéaire des savoirs en situation scolaire[94].

2.2. Un clic, et tout se complique !

Pourtant, il convient de bien différencier habiletés techniques et habiletés intellectuelles. La maîtrise technique ne doit pas occulter les représentations mentales erronées qui nuisent à l'appropriation intellectuelle de l'outil.
Ainsi nombre d'élèves recourent à un vocable erroné pour parler d'Internet. Il faut prendre garde à ne pas croire que l'élève sait parce qu'il utilise une terminologie portant en elle une image de sérieux. Si l'on se penche de près sur les acquis, on peut se rendre compte que les élèves n'ont en fait intégré que des mots, des « formules creuses », dont ils n'ont pas saisi le sens. Prenons pour exemple cet échange avec Valentin, élève de 6ème :
-« Si tu devais expliquer à quelqu'un ce que c'est, Internet, tu lui dirais quoi ?
- C'est un logiciel... ou si tu préfères, c'est un moteur de recherche. C'est pareil.
- C'est pareil ?
- Oui, c'est un moteur de recherche rapide, qui donne des réponses exactes [...]
- Et alors, Google, c'est quoi ?
- C'est comme Internet, c'est un moteur de recherche... En fait, Internet c'est un grand moteur de recherche, plus grand que Google, et dans Internet il y a plusieurs choses. »
Cet échange reflète le flou conceptuel habitant l'adolescent, qui manipule un vocabulaire inapproprié, lequel révèle une manipulation conceptuelle impropre.
Or, ne pas comprendre l'outil dans son fonctionnement, c'est rester sous son emprise, et ne pas parvenir à s'affranchir de la technique. Samuel renonce ainsi à poursuivre la recherche sur Internet qu'il avait entreprise quelques jours plus tôt au CDI *« parce que [son] poste est occupé »*. La notion de réseau n'est pas intégrée, l'élève pense que les informations correspondant à sa recherche sont intégrées dans un poste informatique, et cette conception erronée d'une localisation informationnelle le conduit à une impasse.

Certes nos « élèves numériques » sont convaincus de n'avoir besoin de personne pour faire une recherche sur Internet, ils le disent d'ailleurs très clairement : *« Je dirais pas que je sais tout faire, mais presque ! »* (Manon, élève en 6ème).
Toutefois, par peur de s'égarer lors de leur cheminement sur le Web, bon nombre d'entre eux prennent soin de construire leur itinéraire autour d'un nœud central, ce qui leur permet de toujours revenir à leur point de départ. Ce type

[94] CORDIER, Anne (2009). « Profs docs et Internet, je t'aime moi non plus ». *Inter CDI*, n°220, pp. 52-55.

d'itinéraire s'explique par le faible degré de familiarité *en profondeur* des élèves avec Internet en tant qu'outil de recherche. Dès lors, leurs explorations s'avèrent souvent peu riches sur le plan informationnel. Nous avons pu noter chez beaucoup d'élèves une volonté de ne pas « perdre la main » en quelque sorte, notamment en contrôlant au maximum l'ouverture et la fermeture de fenêtres.
En outre, lors des entretiens individuels, nombreux sont les élèves qui confient leur désappointement face à l'échec de certaines de leurs recherches sur Internet. *« Je ne trouve pas toujours, et je ne sais pas trop pourquoi »*, reconnaît Alexandre. Émilie, elle, pense connaître les raisons de son échec : *« Je crois que je n'utilise pas toujours les bons mots, alors Google, il comprend pas. »*

Assurément, les élèves ont développé un imaginaire de la recherche sur Internet qui est empreint de facilité, de rapidité, mais aussi de « magie » : *« On tape tout ce qu'on veut, et tout de suite on l'a »*, s'émerveille Céleste. Parallèlement, les enseignants-documentalistes sont parfois fortement convaincus du degré d'expertise des élèves en matière de recherche sur Internet : *« Quand je vois les élèves sur l'ordinateur, ça me fait presque peur tant je les trouve meilleurs que moi, je ne vois pas trop finalement ce que j'ai à leur apprendre de plus »*, affirme un professeur-documentaliste en collège.
Il y a là, nous semble-t-il, illusion pour les enseignants-documentalistes que l'expertise manipulatoire équivaut à l'expertise informationnelle : certes, beaucoup d'élèves font preuve d'aisance face à l'outil informatique, maniant la souris avec dextérité, mais cette expertise manipulatoire ne doit pas faire écran et masquer tous les problèmes liés à la formulation de requête, à l'analyse de l'information, ou encore à la fiabilité des données sur Internet.
Qui plus est, Annette Béguin met en garde contre la croyance selon laquelle l'élève, face aux outils numériques, développerait une plus grande activité grâce à un accroissement de la motivation. Si l'individu est actif, son activité est « déplacée » des tâches de conception vers la découverte d'un mode d'emploi. À une très bonne mémorisation de l'interface se conjugue malheureusement une médiocre mémorisation du contenu. [95]

3. La renaissance du prof doc

Et si, finalement, Internet n'invitait pas simplement l'enseignant-documentaliste à se repositionner au sein du système de formation à la recherche, et à s'imposer par le biais de conceptions didactiques et pédagogiques nouvelles ?

[95] BÉGUIN, Annette (2001). « Le corps dans les lectures à l'écran ». *Spirale*, n°28, p. 145-162.

3.1. Et moi, et moi, et moi !

Au carrefour des disciplines et des méthodologies d'apprentissage, le professeur-documentaliste doit saisir ici l'opportunité de s'introduire dans ce couple trop fermé, trop exclusif, constitué par les élèves et l'outil numérique. L'enseignement de l'Information-documentation en milieu scolaire peut apporter à nos « digital natives » une connaissance rationnelle d'Internet, des savoirs techniques indispensables et des notions informationnelles fondamentales, progressivement abordées et approfondies, contribuant à leur conférer un pouvoir décisionnel sur l'outil, ainsi que des compétences documentaires (ré)élaborées en s'appuyant sur les habiletés déjà développées.
Que le couple infernal laisse place à un trio de choc : Internet, les élèves et l'Information-documentation ![96]
Loin de se sentir démuni face à Internet en tant qu'objet d'enseignement, l'enseignant-documentaliste peut y voir un moyen de moderniser l'enseignement de la recherche d'information en créant des situations multiples et variées permettant à l'élève d'appréhender un savoir fondamentalement abstrait. L'exploitation des outils sociaux du Web 2.0 peut constituer un appui pédagogique fort pour développer chez les élèves une maîtrise à la fois technique et intellectuelle de l'outil numérique : élaboration de cartes mentales, réalisation d'espaces personnels de signets en fonction d'un sujet de recherche, création collective d'un blog afin d'associer travail d'écriture et de communication de l'information et réflexion sur ses propres pratiques en tant qu'auteur de blog…
Ainsi le professeur-documentaliste peut saisir de nombreuses opportunités offertes par les nouveaux outils sociaux du Web, et le fonctionnement du réseau en général, pour innover en matière de pédagogie documentaire et adapter ses méthodes aux besoins de formation émergents.

3.2. Le CDI, un laboratoire de pédagogie et de didactique documentaires

Pour ce faire, le professeur-documentaliste dispose d'un outil non négligeable : le CDI. L'espace documentaire, à la fois lieu de vie et centre de formation, peut être considéré comme un laboratoire dans le sens où il met en situation des cadres d'action divers, et des élèves à la fois adolescents et apprenants.
Le CDI est un véritable espace-carrefour du formel et du non formel.
Si le Centre de Documentation et d'Information devient, lors de séances pédagogiques, un lieu de formation institutionnel où la formalité de l'apprentissage mis en place est incontestable, il n'en est pas de même lorsque

[96] CORDIER, Anne (2009). « Internet, les élèves… et moi et moi et moi ! ». *Les Cahiers Pédagogiques*, n°470, p. 09-11.

le lieu accueille des élèves venus pour diverses raisons (recherche, lecture, détente). Dans un tel cas, le CDI apparaît comme une structure pensée pour accueillir une grande diversité d'activités individuelles et/ou collectives. L'enseignant-documentaliste prend alors soin de développer des interventions individualisées, moins directes et frontales que lors d'une séance pédagogique rigoureusement planifiée. Les professeurs-documentalistes parlent d'ailleurs volontiers à ce moment d'«accompagnement documentaire », et non de « formation documentaire ». En situation d'enseignement-apprentissage, la pratique documentaire de l'élève est encadrée, contrainte, nécessairement. Au contraire, l'espace des possibles s'ouvre pour l'élève en situation informelle de recherche au CDI. En raison de l'absence d'objectifs et de démarche fixés par l'enseignant, l'élève peut déployer ses « arts de faire »[97], autrement dit : il dispose d'une grande latitude pour donner à son activité la teneur et la forme qu'il souhaite. Dès lors, chaque élève, en situation informelle de recherche, personnalise son activité et son parcours de recherche, en fonction de ses acquis, de ses représentations, mais aussi des aléas liés à la situation et de son humeur propre.

Voilà qui est pour l'enseignant-documentaliste particulièrement intéressant à exploiter : en permettant d'exprimer au sein du CDI les pratiques ordinaires de recherche – lesquelles reflètent également des représentations mentales sur l'outil et la recherche d'information sur Internet –, le professeur-documentaliste peut connaître les habitudes informationnelles de ses élèves, et en conséquence adapter les formations documentaires qu'il dispense aux besoins des apprenants. En effet, dans l'activité de travail, nous ne sommes pas confrontés à un sujet épistémique abstrait, à l'intelligence désincarnée, mais bien aux conduites secrètes d'êtres sociaux aux prises avec les conflits de la réalité qu'ils veulent comprendre, s'expliquer, mais aussi résoudre en cherchant une signification à leurs efforts. En ce sens les pratiques non formelles de recherche sur Internet ne doivent pas être éludées. Elles façonnent les attentes et les comportements face à la technologie et à son apprentissage, et de même que les représentations mentales ne doivent pas être ignorées dans l'acte d'apprentissage-enseignement[98], les pratiques non formelles doivent constituer un appui pour l'enseignement formel d'Internet. En outre, si ces pratiques peuvent être vues comme des ressources, elles peuvent aussi constituer de véritables obstacles didactiques pour l'enseignement de la recherche d'information sur Internet.

---

[97] CERTEAU, Michel de (2004). *L'invention du quotidien. 1 : Arts de faire.* 2ème édition. Paris : Gallimard, 349p. (Folio essais).

[98] GIORDAN, André, VECCHI, Gérard de (1990). *Les origines du savoir : des conceptions des apprenants aux concepts scientifiques.* 2ème édition. Neuchâtel : Delachaux et Niestlé, 212 p. (Actualités pédagogiques et psychologiques).

Conclusion

Internet, fossoyeur de l'enseignement de la recherche d'information ?
Non !

Les « digital natives » n'ont-ils vraiment besoin de personne ?
Non !

Le professeur-documentaliste, formateur à la recherche d'information, est-il mort ?
Non !

Plus que jamais, les compétences didactiques et pédagogiques de l'enseignant-documentaliste sont requises pour former les élèves à une recherche sur Internet raisonnée, conscientisée. Internet doit cesser d'être aux yeux des jeunes internautes *« un truc super qui trouve tout, qui sait tout faire »* (Mathys, élève en 6ème), pour devenir un outil de recherche, subordonné aux connaissances et compétences de son utilisateur. La transmission d'une culture technique et cognitive s'impose en ce sens.
Entendons-nous bien : il ne s'agit pas de faire des élèves des experts de la « technique Internet », mais d'être en mesure de comprendre les résultats de leurs recherches, autrement dit de comprendre pourquoi ce sont ces résultats précis qui apparaissent, quelles procédures internes au fonctionnement programmé du moteur de recherche conduisent à tel ou tel résultat. C'est seulement en acquérant cette conscience que les élèves pourront véritablement interpréter et traiter les données de leurs recherches.
Au-delà d'« apprendre Internet », c'est-à-dire d'intégrer seulement des comportements de manipulation procédurale, il apparaît que le professionnel de l'Information-documentation doit permettre à l'usager de « comprendre Internet », dans ses dimensions cognitives, culturelles, sociales et économiques. Comprendre Internet pour agir sur l'outil de façon raisonnée, pour adopter une attitude de distanciation critique par rapport à la technique, et non se positionner en situation de passivité.
Véritablement, il s'agit d'« éduquer » à Internet, au sens étymologique du terme *ex-ducere* : « conduire de l'intérieur vers l'extérieur », autrement dit « mener chacun au terme de ses potentialités cognitives et intellectuelles avec l'outil ».

Enseignants-documentalistes, professionnels de l'Information-documentation, maîtres d'œuvre du CDI, nous exerçons décidément un bien beau métier…

La méthode PAFO...
un outil d'évaluation de l'information[99]

Sylvie Leclerc-Reynaud
Professeure-documentaliste
collège et lycée Saint-Thomas de Villeneuve (Chaville)

Suite à une enquête auprès de lycéens, j'ai mis en place un outil d'aide à l'évaluation de l'information sur Internet. Je l'ai appelé « la méthode PAFO » (Pertinence – Actualité – Fiabilité – Objectivité). Je souhaite la présenter l'année prochaine lors de séances d'ECJS (Éducation Civique Juridique et Sociale) ou de TPE (Travaux Personnels Encadrés) ; mon but est d'enseigner aux élèves la nécessité de tester la valeur de l'information sur le Web et de leur transmettre les critères conférant de la valeur à l'information.

En mars 2009, j'ai cherché à créer un outil d'aide à l'évaluation de l'information sur Internet. Pour cela, j'ai tout d'abord essayé de comprendre comment les élèves s'y prenaient pour tester la valeur de l'information sur le Net. À cette fin, j'ai décidé de faire une enquête auprès de trente-cinq élèves de classes de première. Je leur ai posé la question suivante : « À partir de quels critères évaluez-vous l'information sur Internet ? » Je comprends que la question les ait déroutés. Aussi, j'ai cherché à être plus explicite en leur demandant : « Cherchez-vous à ce que l'information réponde à votre question (pertinence) ? Êtes-vous sensibles à la date de mise à jour de l'information (actualité) ? Tenez-vous compte de l'auteur du site ? Autrement dit, cherchez-vous à savoir s'il est spécialiste du domaine qu'il traite (fiabilité) ? Enfin, cherchez-vous à savoir si l'auteur a des orientations idéologiques ou des intérêts particuliers (objectivité) ? »

Suite à cette enquête, j'ai fait deux constats. D'une part, la question de l'évaluation ne se pose pas vraiment pour eux. C'est « une question de professeur », mais pas une préoccupation d'élève. D'autre part, j'ai remarqué que seule la question de la pertinence les interpellait.
Aussi ai-je décidé d'être assez radicale en cherchant à enseigner aux élèves le bien-fondé de l'évaluation de l'information sur Internet. Pourquoi est-il nécessaire de tester la valeur de l'information sur le Net ? Avant même

---

[99] Les deux premiers articles de cette partie sont complémentaires, l'un sous l'angle théorique, l'autre sous l'angle pratique.

d'énumérer les critères permettant de jauger la qualité de l'information, il me semble nécessaire d'en rappeler la nécessité.
J'ai alors décidé de leur montrer que l'information est une élaboration, une construction, un produit qui, comme tout produit, a plus ou moins de valeur.

L'information n'est pas un galet

Les informations s'apparentent-elles à des objets quelconques tels des galets que l'on trouve sur la plage ? Oui, dans la mesure où, comme les galets sur la plage, elles sont nombreuses... En effet, des milliards d'informations sont accessibles via Internet. Cependant, la similitude s'arrête là.
Contrairement au galet façonné par le hasard des vents et des marées, l'information est le fruit d'un labeur réalisé par un auteur. C'est lui qui la travaille pour lui donner sa forme. Autrement dit, elle est un produit et non « un donné ». Une élaboration et non un simple objet brut... Tout cela peut paraître anodin, mais n'est pas sans conséquences. En effet, si la question de la valeur du galet ne se pose pas, celle de l'information est cruciale. Puisqu'elle est le fruit d'un travail et non du hasard, elle est un résultat qui, comme tout résultat, peut être bon ou mauvais. Autrement dit, l'information possède de la valeur ou n'en possède pas. La nécessité de tester cette valeur étant posée, j'entre ensuite dans des considérations plus techniques en recensant les critères conférant de la valeur à l'information. J'en ai isolé quatre que je prends soin d'expliciter.

Pertinence

Tout d'abord, le premier critère est celui de **la pertinence**. Il s'agit d'une notion bien intégrée par les élèves. Je leur rappelle que l'information ne vaut que si elle répond à la question que l'on se pose. J'illustre cette idée par un exemple simple. Lorsque je cherche une définition du développement durable et que je saisis la requête dans un moteur de recherches, à quoi cela me sert-il d'obtenir comme réponse le site d'une grande enseigne commerciale vendant des produits bio ? Je ne cherche pas à acheter du riz biologique, je cherche à comprendre ce que recouvre cette expression de « développement durable ».
Je cite également l'exemple donné par deux auteurs[100] pour illustrer l'idée de pertinence. Une information donnant des prévisions météorologiques sur les six prochains mois de l'année possède une valeur... pour un marchand de parapluies (qui pourra prévoir les ventes et par conséquent ajuster son stock...) tandis que cette même information n'en possède aucune pour un vendeur de voitures, de pains... ou de sucettes.

---

100 Charles Hunt et Vahé Zartarian. *Le renseignement stratégique au service de votre entreprise*. Paris, First, 1990.

Par ces exemples simples, je cherche à montrer aux élèves que la valeur de l'information naît de la pertinence qui n'est autre que l'adéquation, la correspondance de la réponse avec un besoin exprimé par une question.

Actualité

J'enchaîne sur le deuxième critère, celui de l'**actualité.** En effet, la fraîcheur donne également de la valeur à l'information, même s'il est vrai que les informations ne sont pas toutes égales en la matière. En effet, ce qu'on appelle « le taux d'obsolescence » varie selon la nature de l'information. Une information historique résiste mieux à l'usure du temps qu'une information scientifique ou démographique... à base de chiffres. Pour convaincre les élèves, je leur pose une question simple : à quoi cela sert-il de trouver un site donnant le nombre de naissances en France en 1998 si je cherche à en connaître le nombre pour l'année 2008 ? À rien ! J'enchaîne en leur indiquant à quel endroit du site ils peuvent repérer la date de mise à jour de l'information. J'insiste sur le fait qu'il faut parfois tâtonner avant de pouvoir la trouver.

Fiabilité

Je poursuis avec le troisième critère, celui de **la fiabilité**. Une information n'a de valeur que si elle est vraie. Je fais remarquer aux élèves que ce critère est indépendant des deux précédents. En effet, une information peut être pertinente (répondre à la question que je me pose), actuelle (mise en jour) en étant malgré tout... fausse. J'invite alors les élèves à se poser certaines questions.
Qui est l'auteur de l'information ? Est-il spécialiste de la question traitée ? Fournit-il une bibliographie en fin d'article ?

Les premiers sites trouvés ne sont pas toujours les meilleurs
J'insiste également sur le fait que les sites fiables ne sont pas systématiquement ceux donnés comme premières réponses à une requête. Je leur explique comment fonctionne la hiérarchisation des résultats sur Google (Page Rank), de loin le moteur le plus utilisé par les élèves.
Un des critères du **Page Rank** est la « popularité » d'un site. Cela signifie que plus un site est utilisé par les internautes (plus il y a de liens pointant vers un site), plus ce dernier a de chance d'apparaître en haut de page des résultats. D'après l'entreprise Google, l'importance de l'information repose sur sa popularité. Ce qui fait dire aux dirigeants de l'entreprise que Google est le « champion de la démocratie »[101]. Je cherche à faire réfléchir les élèves sur ce

101 Voir la présentation que l'entreprise Google fait du moteur de recherche afin de vanter les qualités d'un tel outil. Et de préciser « Le principe du Page Rank est simple : tout lien pointant de

point : peut-on se fier à cette méthode ? Est-ce le nombre d'internautes intéressés qui fait la qualité de l'information, ici, sa fiabilité ? La vérité est-elle de l'ordre du vote ? Je cherche à leur faire comprendre la confusion, par l'entreprise Google, entre l'ordre du politique et l'ordre de la vérité. Pour cela, je leur pose la question suivante : le choix de tel ou tel candidat lors d'élections (municipales, présidentielles...) est soumis au vote. Nous sommes dans la sphère de la politique, du vote et de la démocratie. Cependant, l'établissement de la vérité relève-elle du domaine politique et du vote ? Vote-t-on pour savoir si 2+2= 4 ? Pour savoir si P = mg ? Pour savoir si le nombre de continents s'élève à 5 ? Etc. Je termine par un exemple simple.
Si Internet avait existé au XVIe siècle et que Copernic avait créé son propre site énonçant que la Terre n'est pas le centre de l'univers mais qu'elle tourne autour du Soleil... il n'aurait sans doute pas remporté l'adhésion des internautes ; son site serait alors peut-être classé en 100e ou 200e position. J'invite ainsi les élèves à ne pas se ruer aveuglément sur les premiers résultats et à se méfier des *« top ten »*, des « têtes de gondoles » qui ne sont pas gages de fiabilité mais de popularité uniquement.
J'encourage également les élèves à recouper leurs sources d'informations lorsqu'ils utilisent Wikipédia. Il ne s'agit pas d'interdire ou de restreindre l'utilisation de cette encyclopédie collaborative, mais d'apprendre aux élèves à l'utiliser avec prudence. D'où la nécessaire vérification des informations.

Objectivité

Enfin, j'aborde le quatrième critère conférant de la valeur à l'information, celui de **l'objectivité.** Il s'agit d'une notion complexe, difficile à manipuler et exigeant un véritable travail de questionnement de la part des élèves. Je les encourage à se poser la question de l'honnêteté de l'information, de sa neutralité ou non. Une nouvelle fois, comme pour le critère précédent (la fiabilité), une réflexion sur l'auteur de l'information s'impose. Il ne s'agit plus ici de savoir s'il est spécialiste de la question, si ses propos sont étayés par des sources solides ; il s'agit de s'interroger sur les intérêts et les engagements idéologiques de l'auteur. Pour illustrer cette idée, je prends l'exemple suivant : imaginez que vous cherchiez à répondre à cette question : « Les centrales nucléaires présentent-elles des dangers ? » Si vous vous rendez sur le site d'une entreprise qui construit et vend des centrales nucléaires, il y a de fortes chance que les dangers soient minimisés. En effet, quel est l'intérêt d'une telle entreprise ? Cherche-t-elle à informer ou à convaincre et vendre ? En revanche, si vous vous rendez sur le site d'une association refusant catégoriquement l'utilisation de l'énergie nucléaire, il y a fort à parier que les avantages de l'utilisation du nucléaire soient passés sous silence. Répondre à la

---

la page A vers la page B est considéré comme un vote de la page A en faveur de la page B" (Texte accessible à l'adresse suivante : http://www.google.fr/why_use.html)

question sur la dangerosité des centrales nucléaires nécessite par conséquent de considérer les deux sources d'informations conjointement afin de bénéficier d'arguments et de contre-arguments. Cette multiplication des points de vue est essentielle, notamment en ECJS où il s'agit d'apprendre aux élèves à construire un débat argumenté fondé sur le « oui, mais... ». L'exhaustivité de l'information obtenue par la multiplication des orientations contribue de toute évidence à l'objectivité. Rien n'empêche non plus les élèves de partir à la recherche d'une source d'information neutre – celle émanant de chercheurs dépourvus de positions idéologiques ou d'intérêts particuliers – afin de bénéficier d'une information honnête et impartiale mettant en avant les dangers, mais aussi les avantages des centrales nucléaires.
Dans tous les cas, il est capital de se demander systématiquement **qui** est l'auteur du discours. Quelles sont ses orientations ? Quels sont ses intérêts à tenir tel discours plutôt que tel autre ? J'invite les élèves à systématiquement repérer l'auteur du site Web et à s'interroger sur ses motivations. Je leur apprends à lire une adresse URL afin de distinguer les sites commerciaux et les sites officiels.

Cette méthode d'évaluation de l'information sur Internet, simple et mnémotechnique (méthode PAFO), peut être réalisée sous forme d'un diaporama, en partenariat avec un professeur de discipline, dans le cadre de l'ECJS ou d'un TPE. Après cet exposé un peu magistral, il serait intéressant de distribuer aux élèves une grille à remplir afin qu'ils puissent utiliser concrètement cet outil lors d'une recherche d'informations sur le Web. Chaque élève pourrait s'interroger sur les critères conférant de la valeur à l'information et sélectionner les sites Internet de façon réfléchie (voir annexe).

Synthèse :

- **L'information est le <u>fruit du travail d'un auteur</u>. Elle est donc une élaboration, une construction, un produit qui, comme tout produit, possède de la valeur ou non.**
- **D'où la <u>nécessité de l'évaluer</u>, c'est-à-dire de tester sa valeur en vérifiant sa pertinence, son actualité, sa fiabilité et son objectivité.**

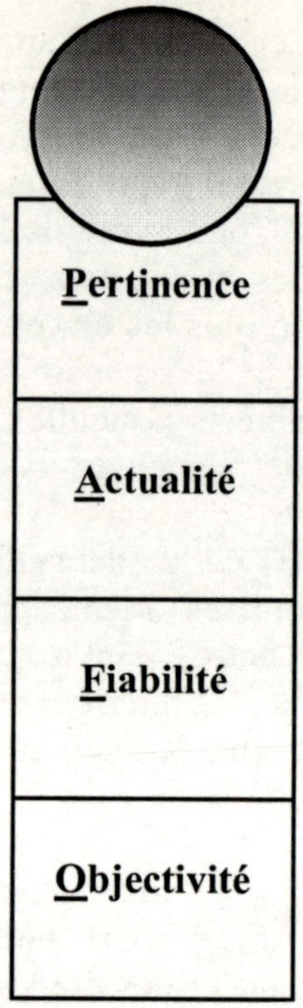

Lorsque ces quatre critères sont réunis, nous avons une véritable information

J'invite tous les lecteurs de cet article à réagir afin de me donner leurs impressions susceptibles d'améliorer cette séquence de travail[102]. Afin également d'avoir des retours si l'un d'entre vous décide de la mettre en œuvre.

102 sylvie.m.reynaud@wanadoo.fr

Annexe

Exemple de grille à distribuer aux élèves pour les aider à évaluer l'information sur Internet.

Notez votre question		
Pertinence	L'information répond-t-elle à ma question ?	Oui Non
Actualité	L'information est-elle toujours actuelle ?	Oui Non
Fiabilité	L'auteur de l'information est-il mentionné ? Est-il spécialiste du sujet traité et/ou fournit-il une bibliographie en fin d'article ?	Oui Non Oui Non
Objectivité	Quelles sont les intentions de l'auteur ? Informer honnêtement en fournissant : • une information neutre (non publicitaire, non orientée par un point de vue idéologique) et • une information complète (non partielle)	 Oui Non Oui Non

Portail de sites

Francine Debarge
Documentaliste au collège Mozart de 1995 à 2006

Comme sans doute bon nombre de mes collègues documentalistes, j'ai souvent reçu au CDI des élèves, désireux de consulter Internet, sans avoir une idée précise de ce qu'ils pouvaient y chercher. « Faire de l'ordinateur », tel était leur désir et leur penchant naturel les entraînait irrésistiblement vers les sites de football ou les jeux, ce qui ne me satisfaisait pas.
Un début d'année scolaire, des élèves de 6ème m'ayant demandé des sites sur l'Égypte, je leur ai fait effectuer la recherche sur Internet, je l'ai également faite moi-même et finalement proposé une sélection des sites les plus intéressants que j'avais trouvés.
L'idée m'est alors venue de construire un portail de sites qui reprendrait, pour chaque discipline, le programme de chaque classe de la 6ème à la 3ème.
Les saisies d'écran suivantes, des pages que j'ai finalement réalisées et que vous pouvez consulter à la rubrique CDI du site du collège Mozart à Paris, vont vous permettre de mieux comprendre la structure de cette réalisation.

Il faut d'abord choisir la discipline concernée :

En cliquant sur une des disciplines, on ouvre une fenêtre dans laquelle on choisit le niveau désiré :

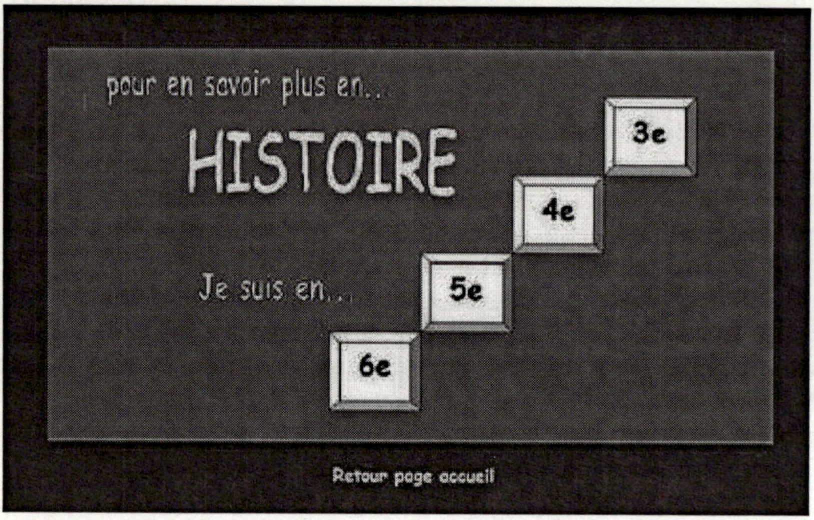

On choisit ensuite, parmi les points du programme, celui sur lequel on veut se documenter :

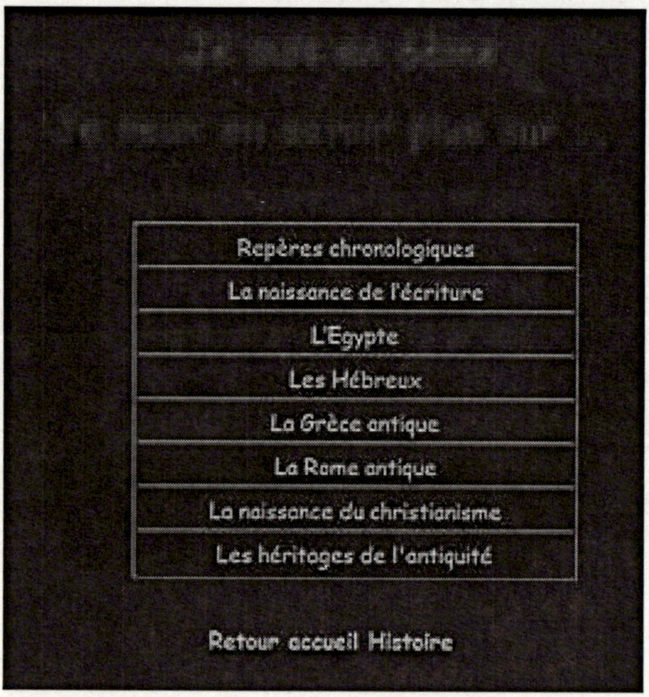

On ouvre alors une page sur laquelle sont proposés plusieurs sites en relation avec le thème choisi :

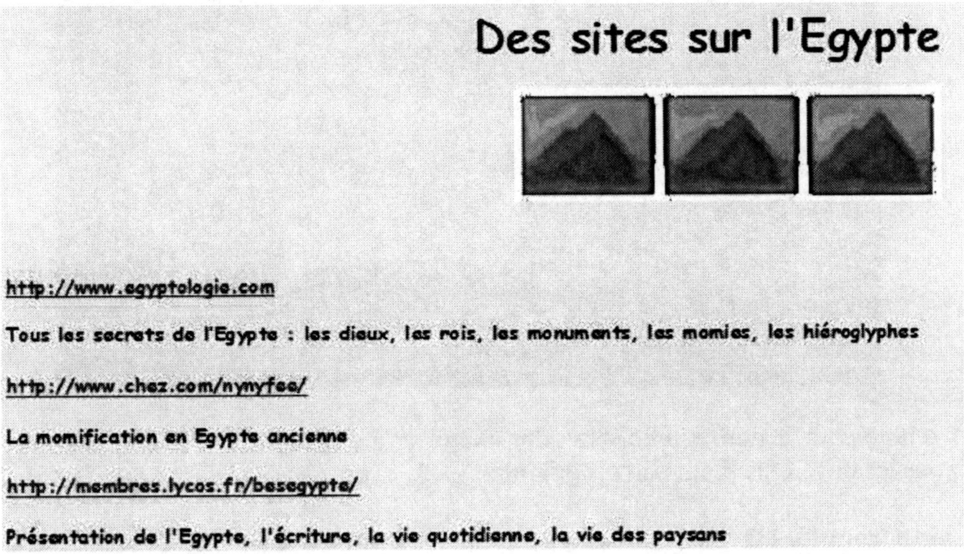

Les sites que j'ai sélectionnés sont pour une grande part des sites construits par des enseignants et qui figurent dans les sites disciplinaires des différentes académies.

Bien entendu, les élèves doivent apprendre à chercher des informations sur Internet de façon autonome et à sélectionner les sites les plus pertinents, mais ce portail a l'avantage, lorsqu'un élève a un exposé ou un dossier à faire, de lui faire gagner un temps précieux. C'est aussi un moyen de leur éviter un éparpillement stérile. Il suffit pour cela de mettre un lien du bureau vers la page d'accueil afin de les inciter à se rendre sur ce « service TICE ».
Une grande part des sites qui figurent dans le portail ont été créés par des enseignants. Beaucoup sont sur des sites disciplinaires où les élèves ont peu de chance de les trouver par leurs propres moyens. Certains sites figurent dans des manuels, en particulier dans les manuels de sciences physiques et de SVT, d'autres sont cités dans des revues telles que *Science et vie Junior*, *Virgule*, *Arkéo junior*, *Le Monde des ados*, *Phosphore*, etc.

Parallèlement à ce portail de sites, j'ai proposé aux élèves de mon collège un portail de quiz et exercices à trous qui leur permettent, de façon ludique, de tester leurs connaissances et qui leur sont utiles à l'approche d'un contrôle.
La page d'accueil en est la suivante :

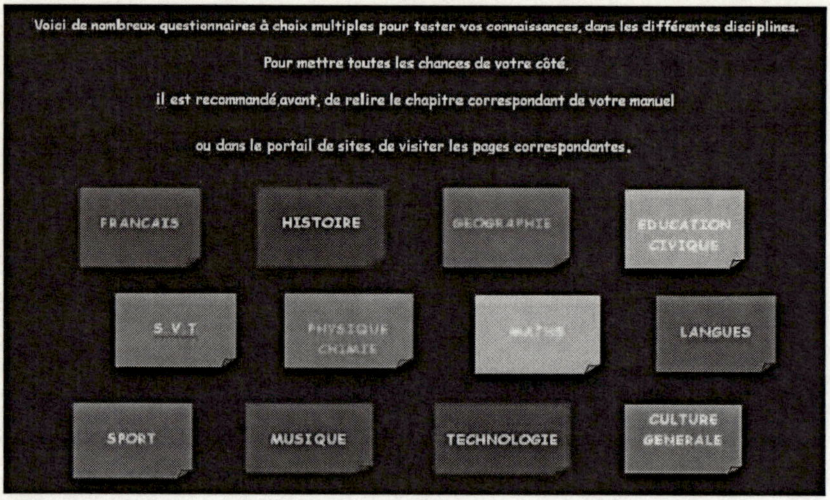

Comme pour le portail précédent, des exercices à choix multiples sont proposés pour les différents points du programme :

Ainsi, parmi les thèmes traités en géographie (la diversité de l'Afrique, l'Afrique noire, l'Union indienne, les deux Amériques, la diversité de l'Asie...) figure le Maghreb dont le quiz correspondant se présente de la manière suivante :

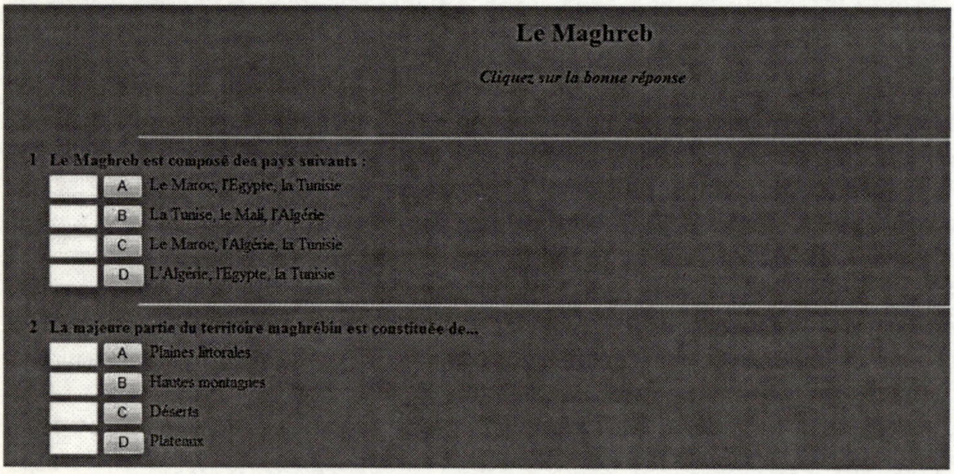

Comme les sites qui figurent dans le portail, une grande part de ces exercices a été conçue par des enseignants. Beaucoup sont sur des sites disciplinaires que les élèves ont peu de chances de trouver par leurs propres moyens. Certains sites figurent dans des manuels, en particulier dans les manuels de sciences physiques et S.V.T.

Ces deux portails mis à leur disposition ont donc finalement l'avantage de les guider dans la jungle des sites, TICE ou non, que propose Internet.

L'avantage de ces deux portails est de proposer aux élèves de collège une autre approche des programmes scolaires que celle qu'ils ont en cours et en dehors de tout exercice imposé comme un exposé ou un dossier. Il leur permet en toute liberté de choisir la discipline qui leur plaît et d'approfondir leurs connaissances. Il les amène à faire des recherches auxquelles ils n'auraient pas pensé spontanément.

Des sites proposés dans le portail peuvent être aussi des outils intéressants pour les enseignants, et leur donner l'occasion, dans le cadre d'un cours, d'étudier comment est construit un site et comment repérer une information.

La difficulté qui s'est présentée à moi est la maintenance des deux portails : les sites ne sont pas immuables, ils apparaissent mais peuvent aussi disparaître du jour au lendemain, les adresses peuvent changer. Il faut contrôler très souvent que les liens sont actifs. Un internaute qui tombe sur deux ou trois liens inactifs abandonne très vite ! Cette maintenance demande donc beaucoup de temps.

J'ai construit ces deux portails avec beaucoup de plaisir et d'enthousiasme mais seule. Il m'a fallu la durée de deux années scolaires et c'est pendant mon temps libre que j'ai fait les recherches de sites et la réalisation des deux portails. Il faudrait que ce soit un travail d'équipe ce qui n'a pas été le cas. Dans l'idéal, il faudrait que ce soit des professeurs des différentes disciplines qui fassent la sélection des sites car ce sont les personnes les mieux indiquées pour faire ce choix et que ce soit eux qui en assurent la maintenance.

Je dois ajouter que je n'aurais jamais pu faire ce travail qui m'a passionnée si je n'avais pas suivi plusieurs stages de la Mafpen[103] sur les nouvelles technologies et sans l'aide d'un collègue, qui était professeur de technologie au collège Mozart et qui m'a tout appris sur l'utilisation de Frontpage, le fonctionnement de FTP, etc.

Ces deux portails sont à la disposition des élèves du collège Mozart (et des autres) depuis maintenant près de 5 ans et c'est quotidiennement qu'ils les utilisent.

Ils sont consultables à l'adresse suivante :

http://mapage.noos.fr/cdi.mozart/

[103] Mission académique à la formation des personnels de l'Éducation nationale, devenue entre temps Dafor (Délégation académique à la formation)

Expédition au salon

L'ascension du Kilimandjaro et du camp de base de l'Annapurna ne sont rien à côté de ce qui m'attendait ce jour-là.

Je m'en souviendrai toujours, c'était un lundi. Plus précisément : lundi 25 mars. J'étais pourtant bien équipée : chaussée de rangers, coiffée d'un masque et tuba pour respirer sous la houle humaine, sans oublier quelques vivres de course.

Après avoir bravé les obstacles de la circulation matinale, j'atteignais enfin l'entrée d'une jungle littéraire. Là, je tentais une percée au travers des séquoias de papier imprimé. Armée d'un coupe-coupe, je me frayais un passage parmi les nombreux bibliophages, attirés eux aussi par les expéditions livresques.

Un bon nombre de spécimens d'auteurs étaient représentés ainsi que toutes les espèces d'éditeurs. J'en récoltais quelques échantillons que je déposais méticuleusement dans un sac plastique, puis dans deux et trois sacs, qui s'alourdirent péniblement au fil de ma progression. Voilà ce que j'avais oublié : le sac à dos 80 litres !

Guide à la main, je tentais de quadriller consciencieusement chaque recoin du salon pour ne rater aucune jaquette. Peine perdue !

Butineuse, j'ouvrais des livres, happais quelques phrases, rêvais sur des mots puis, de pages en pages, de titres en titres, j'allais, entraînée au hasard de mes tentations.

À la nuit tombée, exténuée mais satisfaite de m'être mise à la page, je me décidais enfin à rebrousser chemin.

Agnès Cornet
Professeure-documentaliste
Lycée Lucas De Nehou (Paris)

La fonction documentaire dans les Espaces Numériques de Travail : l'exemple de l'intranet du collège-lycée Camille Sée

Anne Crétois-Legrand
professeure-documentaliste
collège Camille Sée (Paris)

L'expérience relatée ci-après a débuté au début des années 2000. Elle a été initiée par les enseignants de technologie du collège-lycée Camille Sée (et notamment MM. Gaudin et Guillou) et la professeure-documentaliste en poste à ce moment-là au collège, Mme Allanic. Arrivée en septembre 2007 au CDI du collège, j'ai poursuivi le travail initié en enrichissant l'intranet.

Contexte et besoins préexistants

À la fin des années 1990, les enseignants du collège-lycée Camille Sée, et en particulier la professeure-documentaliste, ont été confrontés au problème de la multiplication des cédéroms. Chacun de ces cédéroms devait être copié et c'est cette copie de sauvegarde qui était prêtée aux élèves, ceci afin de conserver un support original « propre » en cas de rayure de la copie.

En septembre 1999, ce système de prêt, déjà très lourd, s'est compliqué avec la création d'une classe multimédia en 5ème (dans le cadre d'un partenariat professeur-documentaliste/professeurs de disciplines). Les enseignants participants ont alors dû choisir des ressources en lien avec le CRDP, puis dupliquer les cédéroms pour les installer sur chaque ordinateur afin que les élèves puissent travailler ensemble sur le même logiciel.

Ces manœuvres entraînaient beaucoup de manutention et de perte de temps.

Le coup de grâce a été porté à ce système par l'arrivée des DVD métiers de l'Onisep : en effet, les ordinateurs du CDI ne possédaient pas de lecteur de DVD.

Les professeurs de technologie ont alors créé un dossier partagé sur un disque dur disponible sur le réseau pédagogique de l'établissement. Les ressources ainsi installées sur ce disque étaient disponibles sur l'ensemble des ordinateurs du collège-lycée. Mais ce disque dur a très vite été saturé.

En 2004-2005, le collège-lycée Camille Sée a bénéficié de l'opération « Kiosque Onisep » (installation du Kiosque Onisep grâce à un partenariat

Délégation Régionale Onisep Paris/Conseil Général). L'Onisep proposait alors la livraison de 2 ordinateurs pour le CDI. X. Guillou, administrateur réseau de l'établissement a proposé, à la place, l'achat d'un NAS[104]. Ce NAS propose 2 téraoctets[105] disponibles pour le dépôt de ressources.

Il combine de multiples avantages par rapport à l'utilisation d'un simple disque dur :

- meilleure gestion du temps d'accès au réseau : possibilité de visionner un film sur plusieurs ordinateurs simultanément sans ralentissement du débit.
- sécurité : le NAS comprend plusieurs couches de stockage de données et intègre un système de sauvegarde[106]

<u>L'interface utilisateur</u>

Le collège-lycée Camille Sée dispose donc d'un intranet disponible sur l'ensemble des ordinateurs de l'établissement.

Pour y accéder, il faut cliquer sur une icône commune présente sur le bureau des ordinateurs. Cet intranet propose une sélection de ressources. Elles sont réparties par support : sites Web, logiciels, vidéos, images, textes, aides filmées... puis par matière ou domaine d'intérêt : CDI-bibliothèques, mathématiques, géographie...

Les utilisateurs peuvent lancer, en parallèle sur plusieurs ordinateurs, un film, un logiciel, une animation flash, une consultation de BCDI…

<u>Côté technique (coulisses du système)</u>

Le réseau pédagogique de la cité scolaire Camille Sée possède différents lecteurs réseau :

- Ressources (R), auquel tous les enseignants ont accès : ils peuvent y déposer des logiciels, des fichiers sons (que leurs élèves peuvent récupérer sur leur MP3 à partir des ordinateurs de l'établissement)… comme ils le souhaitent, de la salle des professeurs par exemple.

---

[104] NAS : stockage en réseau NAS ou NAS, de l'anglais Network Attached Storage : dispositif de stockage de données en gros volume disponibles en réseau.

[105] 1 téraoctet (To) = 2^{40} octets =1 024 Go

[106] Le NAS est constitué de plusieurs disques de stockage. La moitié de ces disques sert au stockage des données, tandis que l'autre moitié constitue une sauvegarde des données des premiers disques. Ainsi, si l'un des disques tombe en panne, le disque-copie de sauvegarde correspondant prend le relais : les ressources stockées ne sont pas perdues et l'utilisateur y a toujours accès…

- Kiosque (V), c'est-à-dire le NAS sur lequel, en tant que professeure-documentaliste, j'ai des droits d'écriture et de lecture et sur lequel les autres utilisateurs ont des droits de lecture. Les enseignants peuvent ainsi me proposer des ressources qu'ils souhaitent voir installées de manière plus visible sur le kiosque. Après vérification de l'aspect juridique (droit de copie donné ou non par l'éditeur), j'enregistre les données (DVD, animations flash...) sur le lecteur réseau Kiosque, je note le titre de la ressource sur la page de l'interface utilisateur du kiosque (grâce au logiciel DreamWeaver) et je crée un lien hypertexte de ce titre à la ressource. Ainsi, il suffit à l'utilisateur de cliquer sur le titre pour avoir accès aux données enregistrées sur le NAS.

Un chantier toujours en cours

L'intranet suppose, pour le responsable de celui-ci, un travail de mise à disposition des ressources et de veille documentaire régulier. Dans l'idéal, un inventaire complet des ressources de l'établissement par salle serait une bonne chose, mais un tel chantier est titanesque et requiert des efforts de la part de tous les acteurs de la communauté éducative. En attendant, au fur et à mesure du formatage des disques durs des différentes salles hébergeant des ordinateurs, l'administrateur réseau incite les coordonnateurs à m'apporter les ressources (logiciels, sites Web) qu'ils utilisent afin que je les place dans le kiosque commun, à la disposition de tous.
Un tel système induit également un effort de la part des enseignants qui doivent être formés à l'utilisation de l'informatique, dans le cadre des pratiques de classe, pour pouvoir tirer le maximum de bénéfice d'un tel stockage et partage de données en réseau.

En conclusion, l'intranet du collège-lycée Camille Sée en est encore à ses balbutiements : l'établissement a néanmoins la grande chance de compter un administrateur réseau, responsable de la cellule info-techno de l'académie de Paris, et des professeurs de technologie très compétents en la matière. Ils ont déjà implanté ce système d'intranet dans plusieurs établissements parisiens, en partenariat avec des enseignants de technologie et des professeurs-documentalistes des collèges et lycées concernés. Ces derniers ont, en effet, un rôle important à jouer : ils apportent leurs compétences juridiques (droit de copie), techniques (veille documentaire) indispensables au bon fonctionnement de l'intranet, et pédagogique (rôle de « conseil »). Ils sont donc amenés à jouer un rôle central de « mutualisateur des ressources » dans ce dispositif, ainsi que dans les futurs Environnements Numériques de Travail (ENT) amenés à se développer dans les prochaines années.

J'affiche !

Que ceux qui n'ont jamais vu le panneau d'affichage « spécial CDI » en salle des profs, lèvent le doigt… Eh voilà, Ehhhhhhhh voilà ! Je le savais bien que cette professeure n'était pas la seule. Elle m'avouait avoir découvert l'existence de ce panneau il y a quelques semaines seulement !
Je tombais brutalement du haut de mes illusions, et m'interrogeais sur les causes de cet échec. Bon, c'est vrai, il y a un temps d'adaptation, et ce panneau n'existe que depuis six ans. C'est vrai, il est particulièrement mal placé, sur le mur opposé à celui de la machine à café. C'est vrai, vous lui tournez le dos dans l'attente de votre dopage quotidien. C'est vrai, la presque totalité des professeurs se regroupent au fond de la salle, tout près du duo stratégique : café-pipi. C'est vrai, ce panneau est étriqué, coincé entre deux colosses syndicaux. C'est vrai, il n'est pas franchement mis en valeur, et l'accroche permanente : « sommaire du B.O. » n'accroche pas grand monde !
Pourtant, on y trouve aussi des infos plus légères telles que des invitations à des avant-premières cinématographiques ou théâtrales, des offres de spécimens proposés par les éditeurs, des concours pour les élèves, des présentations d'expositions, de conférences auxquelles vous êtes conviés…
Sans doute aurais-je besoin de suivre des cours en communication, et de m'inspirer des techniques publicitaires attractives. Ainsi, si j'injectais quelques titres aguicheurs, de la couleur, du sexe et du sang, la fréquentation et le temps de pause devant ce panneau augmenteraient sensiblement.
Je vais y songer…

Agnès Cornet
Professeure-documentaliste
Lycée Lucas De Nehou (Paris)

En guise de conclusion et pour une évolution du métier...

Jean-Max Méjean
professeur-documentaliste
Lycée Georges-Brassens (Paris)
Formateur en nouvelles technologies
à la DAFOR de Paris.

Aucun métier de l'enseignement n'a, à mon sens, autant évolué que celui de professeur-documentaliste et, paradoxalement, il demeure cependant le plus mal connu et le plus mal aimé par l'ensemble de la profession et des parents d'élèves. On pourrait en effet se demander pourquoi. En 1958, un inspecteur général s'est inquiété de voir la majeure partie de la documentation arrivant dans les salles des professeurs des établissements secondaires disparaître, d'où un énorme gâchis sur le plan de l'information. Il a incité M. Sire, alors proviseur du lycée Janson-de-Sailly de Paris (XVIe), à ouvrir le premier Service local de documentation pédagogique (SLDP) dont la gestion a été confiée à Jean-Gabriel Gaussens, professeur d'histoire-géographie, qui est devenu ainsi le premier documentaliste scolaire de France.

Au départ, ce qui n'était pas encore le CDI est devenu dans l'esprit des gens, collègues, élèves, parents, une bibliothèque et le documentaliste une sorte de professeur au rabais chargé des étagères. À peine caricatural, d'autant que pendant longtemps la fonction documentaire dans les établissements secondaires a servi pour la reconversion de personnels qui avaient subi les affres d'une longue maladie. Après de nombreuses tentatives de réformes, le travail de professeur-documentaliste est régi maintenant, dans l'attente d'une prochaine réforme qui risque fort d'être préjudiciable au métier, par la circulaire n° 86-123 du 13 mars 1986. Il a fallu attendre quelques années encore pour que la création du Capes de documentation en 1989 par le ministre d'alors, Lionel Jospin, donne au métier une légitimité éducative (puisque désormais la fonction porte le nom de *professeur-documentaliste*) et permette à des étudiants d'entrer dans la grande maison sans toutefois se consacrer exclusivement à l'enseignement. On attend, en vain sans doute, un ministre courageux qui pousserait cette reconnaissance jusqu'à créer une agrégation, mais certains esprits chagrins proclament qu'il ne faut pas rêver, alors que cette initiative ne serait que justice puisque tous les postes d'enseignants sont pourvus de deux grades : certifié et agrégé.

Ce doute, proféré quelquefois même par les professeurs-documentalistes eux-mêmes, apporte la preuve du mépris et du déni dans lesquels on tient ce métier pourtant hautement utile. Tellement utile que certains esprits avides

d'économies budgétaires iraient jusqu'à conseiller en haut lieu de donner la gestion de ces enseignants à la Région comme pour les TOS et les COP, en attendant le tour des CPE, et ce dans le but d'en réduire le nombre puisqu'un documentaliste pourrait s'occuper alors de plusieurs CDI. L'ordinaire serait dès lors assuré, comme dans les pays anglo-saxons, par les professeurs utilisateurs de l'espace CDI. Vice de forme qui laisse percer une grande méconnaissance du métier de professeur-documentaliste et, encore une fois, tenterait de le disqualifier en le ramenant à un simple rôle de gestionnaire, alors que – et les pages que vous venez de lire dans cet ouvrage collectif le démontrent aisément – pas un métier n'a autant d'importance, ni autant de faculté d'innovation à l'intérieur même de l'école. Les professeurs-documentalistes, libérés des corrections de copies et du sacro-saint programme, peuvent envisager leur métier avec peut-être plus de liberté, même s'il comporte des tâches répétitives et quelque peu fastidieuses, comme le prêt, la garderie et la gestion des manuels scolaires dans les établissements où les chefs d'établissement ont très mal lu ou mal compris la circulaire de 1986, ou lorsque les professeurs-documentalistes n'osent pas s'opposer à une situation qui, quelquefois, les a précédés.
Mais, l'avers de la médaille est certes plus reluisant : le CDI est devenu dorénavant le lieu même des nouvelles technologies. En effet, Internet, BCDI, B2i ont fait leur entrée en force et le professeur-documentaliste a pris la place du responsable du pôle innovant en matière de TICE. Il est le pivot incontournable de la mise en place de tout ce qui permet de sauvegarder, stocker, analyser et diffuser les images et les supports numériques. Certains d'entre eux, pour ne pas dire la plupart, mettent en place, avec l'aide de certains collègues et élèves, le site Internet de l'établissement, utilisent et contrôlent le logiciel en ligne du B2i, bizarrement dénommé Gibii, ainsi d'ailleurs que le logiciel d'aide à l'orientation, assistent les collègues enseignants dans l'utilisation des logiciels administratifs pour la gestion de leur carrière, leur mutation, leur inscription aux concours et aux stages, les intranet et autre ENT. Tout ce jargon a envahi l'espace documentaire. Du coup, les personnes qui se complaisent à ne parler du professeur-documentaliste que comme d'un ou d'une bibliothécaire, en charge d'une salle plus ou moins bien équipée, et d'une bande de gamins expulsés des cours, ont quelques mètres de retard.
Le métier se professionnalise et on observe que, de plus en plus, les nouveaux arrivants sont surdiplômés et possèdent tous au moins une licence ou une maîtrise de techniques documentaires, quand il ne s'agit pas d'analyse filmique, de technologies innovantes qui leur permettent d'être fers de lance de la pédagogie de leur établissement. Certains chefs d'établissement ne s'y trompent pas, faisant de plus en plus confiance à ce métier pour ouvrir l'établissement et lui permettre d'innover en matière de technologies de pointe. Mais pas seulement. Nombreux sont les professeurs-documentalistes à être devenus la pierre angulaire du système scolaire : que ce soit au niveau du projet d'établissement, mais aussi des voyages scolaires, de la gestion des documents,

de la communication à l'interne et à l'externe, dans le bon déroulement de certaines ateliers lecture ou théâtre qu'ils gèrent parfois seuls, dans l'utilisation des médias par une liaison approfondie et étroite avec le Clemi [107], etc., le professeur-documentaliste a su s'adapter et proposer une réponse adaptée à chaque cas, sans devenir ni pédant, ni directif. Avec son métier de l'ombre certes, souvent comparé à une fourmi invisible, le professeur-documentaliste, s'il exerce son métier d'une manière à la fois professionnelle et efficace, ne tardera pas à être reconnu, à devenir indispensable, imprimant à tout son service une signature qui en fait à la fois sa marque et son emblème.

Les autres professeurs, l'administration, mais surtout les élèves lorsqu'ils en ressentent les bienfaits, sont vivement reconnaissants au centre de documentation et d'information d'exister et de proposer une solution adaptée à chaque cas particulier. Il est vrai que, dans une journée, le professeur-documentaliste est amené à traiter un grand nombre de questions que nous n'énumérerons pas, mais qui sont toutes différentes, que ce soit au téléphone, par courrier, par Internet, ou de vive voix et qui nécessitent une très grande adaptabilité. Il serait regrettable que le prochain ministre raye d'un trait de plume ce métier qui nous paraît indispensable. Espérons, au contraire, que la prochaine mission de réflexion saura reconnaître leurs mérites et multipliera le nombre de postes offerts au Capes, créera une agrégation, pour rendre ce métier passionnant encore plus attrayant pour les nouvelles générations tant il paraît évident que le professeur-documentaliste est maintenant le ferment de la révolution numérique que doit connaître et assimiler l'école pour survivre et renaître.

---

[107] Centre de Liaison Enseignement Médias d'Information. 391 bis, rue de Vaugirard. 75015 Paris. www.clemi.org

Annexe générale

Quelques ressources utiles

- Associations professionnelles :
  - FADBEN (Fédération des enseignants documentalistes de l'éducation nationale)
  - ARDEP (Association régionale des documentalistes de l'enseignement privé)

- Ressources institutionnelles :
  - Listes de diffusion professionnelles (se renseigner auprès des CRDP ou des rectorats)
  - CRDP (fourniture d'expositions photos de SVT d'excellente qualité)
  - Site académique de Paris (rénové avec des articles de documentalistes en ligne à partir de janvier 2010)
  - Concernant la gestion et la distribution des manuels : http://sd-1.archive-host.com/membres/up/19380154906631 7559/CirculairedesIPREVSdeNiceaproposdesmanuelsscolaires.doc

  et

  http://www.snes.edu/2006-Gestion-des-manuels-scolaires.html

- Ressources en orientation (ouvrages pour le kiosque orientation) :
  - L'Etudiant : 23, rue de Châteaudun, 75308 PARIS cedex 09
  - Studyrama : 34/38, rue Camille Pelletan, 92309 Levallois-Perret
  - ONISEP : 12 mail Barthélémy Thimonnier, 77437 Marne la Vallée cedex 2
  - CIDJ : 101 quai Branly 75740 Paris Cedex 15

- Sites professionnels :
  - Le café pédagogique : www.cafepedagogique.net
  - BNF : www.bnf.fr
  - Educ Net : www.educnet.education.fr (ressources pédagogiques numériques pour enseigner avec les technologies de l'information et de la communication)

- Publications :
  - Nouvelles pédagogies (Collection récente des éditions l'Harmattan)
  - Inter CDI : http://www.intercdi-cedis.org

- Savoir CDI : www.savoirscdi.cndp.fr (revue du CNDP)
- Docs pour docs (site mutualiste et indépendant) : http://docsdocs.free.fr
- Documentaliste-Sciences de l'information (revue de l'ADBS) : http://www.adbs.fr/revue-documentaliste-sciences-de-l-information-20748.htm?RH=RAG
- Médiadoc (revue de la FADBEN) : http://www.fadben.asso.fr/spip.php?article4
- Scéren (on ne le présente plus)

- Ressources documentaires :
  - ADEL : 46 bis, rue Saint-Maur, 75011 Paris
  - UNICEF Paris : 7, rue Saint-Lazare, 75009 Paris
  - Clémi : http://www.clemi.org

- Ressources techniques en ligne :
  - Moccam : http://www.moccam-en-ligne.fr
  - Decitre : http://www.decitre.fr

- Ressources pédagogiques en ligne :
  - Le livre de poche jeunesse (de très nombreuses fiches d'exploitation d'ouvrages) : http://www.livredepochejeunesse.com/spip.php?page=recherche_resultats&avec_ressource=1
  - Quiz Eragon (Bayard Jeunesse) : http://www.eragon.fr
  - Univers des lettres Bordas (Dossiers pédagogiques téléchargeables) : http://www.editions-bordas.fr

- Dossiers pédagogiques papier (contacter les éditeurs concernés) :
  - Fiches pédagogiques Gallimard jeunesse
  - Les ateliers Délire (Bayard Presse)

- Ressources diverses :
  - Radio Clype : http://radio-clype.scola.ac-paris.fr
  - TLFi (dictionnaire enligne) : http://atilf.atilf.fr
  - Bonpatron (correcteur orthographique) : http://bonpatron.com

Appel à communications

Vous êtes professeur-documentaliste en collège, lycée général ou technologique, lycée professionnel, IUT, auprès d'élèves de BTS, dans le public ou le privé... vous avez des expériences à relater ou des réflexions sur le métier, peut-être sur l'orientation, les manuels scolaires ou toute autre dimension non développée dans le présent ouvrage, contactez-nous pour nous soumettre vos articles à l'adresse suivante : esmarhic@hotmail.com

Table des matières

L'HARMATTAN, ITALIA
Via Degli Artisti 15 ; 10124 Torino

L'HARMATTAN HONGRIE
Könyvesbolt ; Kossuth L. u. 14-16
1053 Budapest

L'HARMATTAN BURKINA FASO
Rue 15.167 Route du Pô Patte d'oie
12 BP 226
Ouagadougou 12
(00226) 76 59 79 86

ESPACE L'HARMATTAN KINSHASA
Faculté des Sciences Sociales,
Politiques et Administratives
BP243, KIN XI ; Université de Kinshasa

L'HARMATTAN GUINÉE
Almamya Rue KA 028
En face du restaurant le cèdre
OKB agency BP 3470 Conakry
(00224) 60 20 85 08
harmattanguinee@yahoo.fr

L'HARMATTAN CÔTE D'IVOIRE
M. Etien N'dah Ahmon
Résidence Karl / cité des arts
Abidjan-Cocody 03 BP 1588 Abidjan 03
(00225) 05 77 87 31

L'HARMATTAN MAURITANIE
Espace El Kettab du livre francophone
N° 472 avenue Palais des Congrès
BP 316 Nouakchott
(00222) 63 25 980

L'HARMATTAN CAMEROUN
BP 11486
(00237) 458 67 00
(00237) 976 61 66
harmattancam@yahoo.fr

557955 - Février 2014
Achevé d'imprimer par

1livre.com
du rêve à la réalité !